똑똑한
영어 패턴
쓰기 훈련

똑똑한 영어 패턴 쓰기 훈련

지은이 제니 리
펴낸이 임상진
펴낸곳 (주)넥서스

초판 1쇄 발행 2025년 12월 1일
초판 4쇄 발행 2026년 1월 5일

출판신고 1992년 4월 3일 제311-2002-2호
10880 경기도 파주시 지목로 5
Tel (02)330-5500 Fax (02)330-5555

ISBN   979-11-24028-11-7   13740

출판사의 허락 없이 내용의 일부를
인용하거나 발췌하는 것을 금합니다.
저자와의 협의에 따라서 인지는 붙이지 않습니다.

가격은 뒤표지에 있습니다.
잘못 만들어진 책은 구입처에서 바꾸어 드립니다.

www.nexusbook.com

똑똑한 영어 패턴 쓰기 훈련

AI 시대에 꼭 필요한 영어 말하기 습관

제니 리 지음

넥서스

머리말

오랫동안 영어를 공부했지만 막상 입이 떨어지지 않는다고요?

저도 그랬어요. 영어 공부는 누구보다 많이 했다고 자부했는데도, 해외에서 커피를 주문하려고 외국인의 눈을 마주치는 순간, 믿기 어렵게도 얼어버렸어요.
그때 깨달았어요. 영어는 지식이 아니라 감각이라는 걸요. 눈으로 배우는 언어가 아니라, 입과 귀, 그리고 몸이 기억해야 하는 기술이라는 걸요. 이 책은 바로 그 감각을 살려서 말하는 힘을 길러 드리기 위해 만들었습니다.

영어는 계산이 아니라 반사입니다. 대화는 고민할 시간이 없을 만큼 빠르게 흘러가죠. 운동에서 순발력을 기르려면 근육이 필요하듯, 영어의 순발력을 만들어 주는 근육은 패턴이에요. 패턴은 머리보다 몸이 먼저 반응하도록 돕는 가장 현실적이고 강력한 도구입니다. 이런 순발력은 몸에 새겨져야 하는데, 이때 가장 확실한 방법은 쓰기로 익히는 것입니다.

제가 영어를 계속 전하고 싶은 이유는 단순합니다. 영어가 정말 많은 기회를 저에게 가져다주었기 때문이에요. 영어를 함으로써 낯선 문화 속에서도 나답게 살아갈 수 있었고, 다른 시선의 사람들과 마음을 나누며 제 세계가 깊어졌을 뿐 아니라, 나의 새로운 면을 발견하고 표현하게 해 주었어요.

많은 분들이 묻습니다. "그렇게 되려면 얼마나 걸릴까요?"
요즘 우리는 모든 걸 빠르게 얻는 데 익숙해서, 결과가 바로 눈에 보이지 않으면 조급해지고, 금방 포기하고 싶어지죠. 저 역시 그래요. 하지만 그럴 때마다 스스로에게 이렇게 말합니다. "Great things take time." 진짜로 가치 있는 일일수록, 그만큼의 시간이 필요하다는 것을 기억하려 해요.

영어도 마찬가지예요. 가치가 큰 만큼, 그만큼의 시간과 반복이 필요합니다. 그래서 조급함보다는 과정 자체를 즐기는 마음이 더 중요해요. 하루아침에 늘지 않는다고 자신을 다그치기보다, "오늘 하나의 문장을 영어로 말해 본 나", "오늘 하나의 패턴을 기억해낸 나"를 칭찬해 주세요. 그런 작은 승리들(small wins)이 쌓이면, 어느 날 문득 영어가 자연스럽게 입에서 흘러나오는 자신을 만나게 될 거예요. 그때가 바로 여러분의 big win, 영어가 삶의 일부가 되는 순간입니다.

이 책이 여러분에게 '영어를 잘 해야 한다'는 부담이 아니라, "영어를 통해 세상을 배우고 나를 더 깊이 이해할 수 있구나" 하는 따뜻한 확신으로 남길 바랍니다.
제 삶의 초석이 되어 주신 부모님께 제 모든 성취의 영광을 드립니다. 두 분의 딸로 살아가는 매일이 감사하고 행복합니다. 그리고 오랜 꿈이 하나씩 현실이 되어가는 길에서 언제나 제 옆에서 응원해주는 my biggest cheerleader, 남편에게 진심으로 고맙다는 말을 전합니다.

저자 제니 리

이 책의 활용법

❶ '오늘의 패턴'을 확인하고, 패턴의 활용법과 구조를 자세히 알아 보세요.

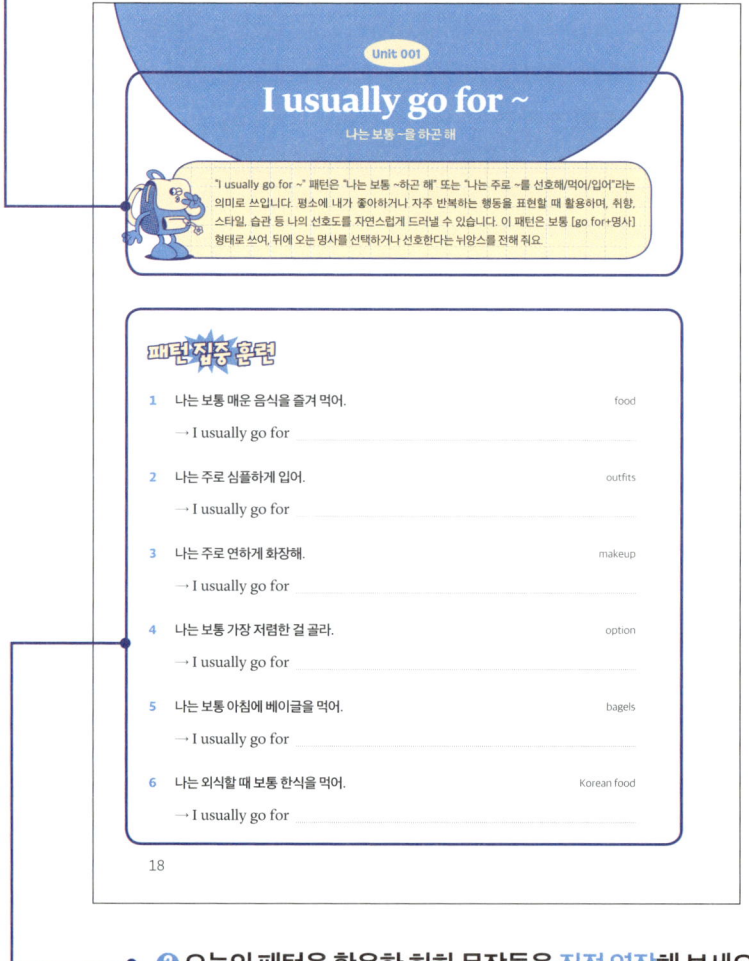

❷ 오늘의 패턴을 활용한 회화 문장들을 직접 영작해 보세요. 힌트는 정말 모를 때만 볼 수 있도록 우측으로 배치했습니다. 원어민의 음원을 들으며 여러 번 따라 읽어 보세요.

실전활용 훈련

11 나는 보통 샐러드를 시켜 먹어.
→ _____

12 나는 주로 무난한 색깔을 선호해.
→ _____

13 나는 넷플릭스에서 주로 로맨틱 코미디를 봐.
→ _____

14 나는 보통 편하기 위해 운동화를 신어.
→ _____

15 나는 보통 안전한 쪽을 선호해.
→ _____

❸ **패턴이나 힌트를 보지 않고 통문장을 영작**해 보세요.
완전히 다 외워서 자동으로 입에서 나와야 진짜 실력이 됩니다.

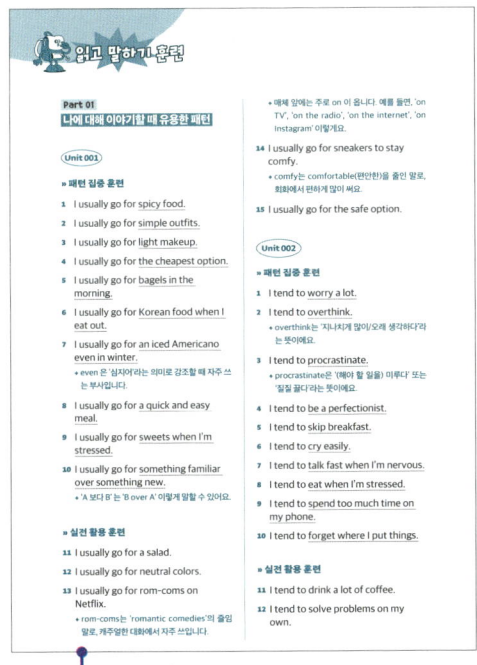

❹ **부록으로 제공되는 영어 문장**들을 보며
정답을 확인하고, 영어 문장을 반복해서 연습해 보세요.

원어민 MP3 듣기

❶ 스마트폰에서 MP3 바로 듣기

MP3

스마트폰으로 QR코드를 인식하면
MP3를 바로 들을 수 있습니다.

❷ 컴퓨터에서 MP3 다운받기

넥서스 홈페이지(www.nexusbook.com)에서
도서명으로 검색하시면, 회원 가입 없이 바로 무료로
다운받을 수 있습니다.

저자유튜브활용하기

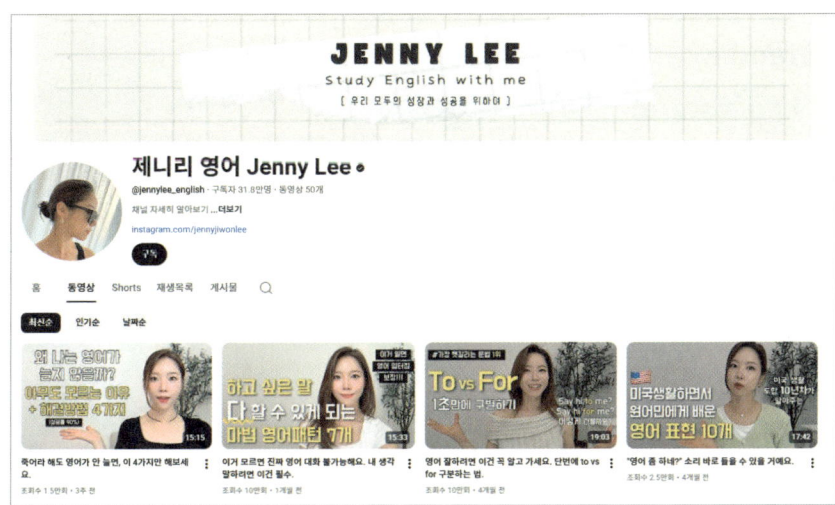

이 책의 저자 제니 리 선생님의 유튜브 채널 '제니리 영어'를 방문해 보세요. 채널 내의 동영상 콘텐츠와 함께 학습하면 더욱 효율적으로 영어 실력을 향상시킬 수 있습니다. 선생님의 꼼꼼하고 친절한 동영상 콘텐츠를 보며 도서 학습에 도움을 받아 보세요.

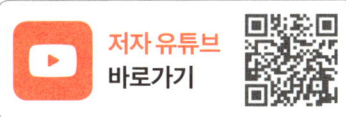

목차

Part 1 나에 대해 이야기할 때 유용한 패턴

Unit 001	I usually go for ~ 나는 보통 ~을 하곤 해	18
Unit 002	I tend to ~ 나는 ~하는 편이야	20
Unit 003	I can't stand ~ 나는 ~을 못 참아	22
Unit 004	I can't stop –ing 자꾸 ~을 하게 돼	24
Unit 005	I'm in the mood for ~ 지금 ~이 하고 싶어	26
Unit 006	I'm feeling a bit ~ 나 지금 약간 ~한 기분이야	28
Unit 007	I get really … when ~ 나는 ~할 때 정말 …해져	30
Unit 008	I have a hard time ~ 나는 ~하는 데에 어려움이 있어	32
Unit 009	I'm all about ~ 나는 ~하는 데 진심이야	34
Unit 010	I'm not really into ~ 나는 ~을 그렇게 좋아하지 않아	36

Part 2 부드럽게 내 생각을 말할 때 쓰는 패턴

Unit 011	I guess ~ ~인 것 같아	40
Unit 012	The thing is ~ 사실은 ~야 / 문제는 ~야	42
Unit 013	It's just that ~ 그냥 ~해서 그래	44
Unit 014	I have a feeling that ~ ~할 것 같은 느낌이 들어	46
Unit 015	It could be that ~ 아마도 ~일지도 몰라	48
Unit 016	I'd say ~ 내 생각엔 ~	50
Unit 017	It looks like ~ ~인 것 같아	52
Unit 018	If you ask me, ~ 내 생각엔, ~야	54
Unit 019	I don't know about you, but ~ 넌 어떨지 몰라도 난 ~	56
Unit 020	Chances are ~ ~할 가능성이 커	58

Part 3 상대에 대해 알고 싶을 때 쓰는 패턴

Unit 021	How often do you ~? 얼마나 자주 ~하니?	62
Unit 022	Do you ever ~? 너 ~한 적 있어?	64
Unit 023	What do you usually ~? 평소에 ~해?	66
Unit 024	How do you feel about ~? ~에 대해 어떻게 생각해?	68
Unit 025	Have you ever ~? ~해 본 적 있어?	70
Unit 026	How did you end up ~? 어쩌다 ~하게 됐어?	72
Unit 027	What made you ~? 어떻게 ~하게 된 거야?	74
Unit 028	What got you into ~? 어떻게 ~에 빠지게 됐어?	76
Unit 029	What's the story behind ~? ~에 어떤 사연이 있어?	78
Unit 030	Can I ask what ~? ~이 뭔지 물어봐도 될까?	80

Part 4 상대와 친해지기 위해 공감/반응할 때 쓰기 좋은 패턴

Unit 031	That must be ~ 그거 정말 ~하겠다	84
Unit 032	You seem ~ 너 ~해 보인다	86
Unit 033	I can imagine ~ 얼마나 ~일지 알 것 같아	88
Unit 034	It's giving ~ 완전 ~ 느낌이야	90
Unit 035	I've been meaning to ask ~ ~를 물어보려고 했어	92
Unit 036	I couldn't help but ~ 어쩔 수 없이 ~했어	94
Unit 037	I just wanted to say ~ 꼭 ~라고 말해 주고 싶었어	96
Unit 038	Is it just me, or ~? ~하지 않아?	98
Unit 039	What's going on with ~? ~에 무슨 일이야?	100
Unit 040	That sounds like ~ 그거 ~처럼 들리네	102

Part 5 자연스럽게 제안하고 동의/허락을 구하는 패턴

Unit 041	It would be great if ~	만약 ~하면 좋겠다	106
Unit 042	How about ~?	~은 어때?	108
Unit 043	Are you up for ~?	~할래?	110
Unit 044	Do you feel like ~?	지금 ~하고 싶은 기분이야?	112
Unit 045	I was thinking we could ~	우리 ~할까 생각 중이었어	114
Unit 046	Am I allowed to ~?	제가 ~해도 되는 건가요?	116
Unit 047	Is it okay to ~?	~해도 괜찮을까요?	118
Unit 048	Let's go with ~	우리 ~로 하자	120
Unit 049	Why don't we ~?	우리 ~하는 게 어때?	122
Unit 050	I was wondering if ~	혹시 ~인가 해서	124

Part 6 상대방을 배려하며 부탁할 수 있는 패턴

Unit 051	I would appreciate it if ~	~해 주면 고맙겠어	128
Unit 052	It would mean a lot if ~	~하면 큰 의미가 있을 거야	130
Unit 053	I'd love your input on ~	~에 대한 네 의견을 듣고 싶어	132
Unit 054	Would you mind ~?	괜찮으시다면 ~해 주시겠어요?	134
Unit 055	Do you think you could ~?	~해 줄 수 있을까?	136
Unit 056	Just so you know, ~	참고로, ~	138
Unit 057	I totally understand if ~	~해도 충분히 이해해	140
Unit 058	Whenever you have time, ~?	시간 되실 때 ~해 주시겠어요?	142
Unit 059	I know it's last-minute, but ~?	갑자기 미안한데, ~해도 될까?	144
Unit 060	If you don't mind, ~?	괜찮으시다면 ~해도 될까요?	146

Part 7 센스 있게 조언할 수 있는 패턴

Unit 061	You'd be better off ~ 너 ~하는 것이 더 나을 거야	150
Unit 062	It's worth ~ ~할 가치가 있어	152
Unit 063	You might want to ~ 너 ~하는 게 좋을지도 몰라	154
Unit 064	Why don't you ~? 너 ~하는 게 어때?	156
Unit 065	If I were you, I'd ~ 내가 너라면 ~할 거야	158
Unit 066	There's only so much you can ~ 네가 ~할 수 있는 데에는 한계가 있어	160
Unit 067	You could always ~ 언제든지 ~할 수 있어	162
Unit 068	It wouldn't hurt to ~ ~해도 나쁠 것 없어	164
Unit 069	Next time, maybe ~ 다음엔 ~하는 게 좋겠다	166
Unit 070	Have you thought about ~? ~하는 것도 생각해 봤어?	168

Part 8 계획/ 소망/ 결심을 공유할 때 쓰는 패턴

Unit 071	I was just about to ~ 막 ~하려던 참이었어	172
Unit 072	I'm thinking about ~ ~할까 생각 중이야	174
Unit 073	I've always wanted to ~ 예전부터 ~하고 싶었어	176
Unit 074	I might try ~ ~를 한 번 해 볼까 해	178
Unit 075	I'm dying to ~ ~하고 싶어 죽겠어	180
Unit 076	I'd love to ~ 꼭 ~하고 싶어	182
Unit 077	I've been meaning to ~ ~하려고 했는데 아직 못 했어	184
Unit 078	I'm going to ~ ~할 거야	186
Unit 079	I can't wait to ~ 빨리 ~하고 싶어	188
Unit 080	I'm set on ~ ~하기로 마음먹었어	190

Part 9 일상 속 에피소드를 전할 때 쓰는 패턴

Unit 081	I happened to ~ 난 우연히 ~하게 됐어	194
Unit 082	I ended up ~ 결국 ~하게 됐어	196
Unit 083	One time, I ~ 한 번은 ~한 적이 있어	198
Unit 084	It turns out ~ 알고 보니 ~였어	200
Unit 085	The funny thing is ~ 웃긴 건 ~하다는 거야	202
Unit 086	You won't believe ~ ~했는지 알면 놀랄 거야	204
Unit 087	Long story short, ~ 결론만 말하자면, ~	206
Unit 088	I found myself ~ 나도 모르게 ~하고 있더라	208
Unit 089	It was one of those days when ~ 유난히 ~한 그런 날이었어	210
Unit 090	Out of nowhere, ~ 갑자기 ~했어	212

Part 10 꿀팁 등을 추천/공유할 때 쓰는 패턴

Unit 091	You'll love ~ 너 ~ 완전 좋아할걸	216
Unit 092	You've got to try ~ ~를 꼭 해 봐야 해	218
Unit 093	I highly recommend ~ ~를 매우 추천해 / ~이 최고야	220
Unit 094	You should check out ~ ~를 꼭 확인해 봐	222
Unit 095	Let me tell you about ~ ~를 알려 줄게	224
Unit 096	I swear by ~ ~이 최고야	226
Unit 097	You should give ~ a shot ~를 한번 해 봐	228
Unit 098	~ is no joke ~이 진짜 대박이야	230
Unit 099	Look into ~ ~를 한번 알아봐	232
Unit 100	I always turn to ~ 난 항상 ~을 하게 돼	234

나에 대해 이야기할 때 유용한 패턴

I usually go for ~

나는 보통 ~을 하곤 해

"I usually go for ~" 패턴은 "나는 보통 ~하곤 해" 또는 "나는 주로 ~를 선호해/먹어/입어"라는 의미로 쓰입니다. 평소에 내가 좋아하거나 자주 반복하는 행동을 표현할 때 활용하며, 취향, 스타일, 습관 등 나의 선호도를 자연스럽게 드러낼 수 있습니다. 이 패턴은 보통 [go for+명사] 형태로 쓰여, 뒤에 오는 명사를 선택하거나 선호한다는 뉘앙스를 전해 줘요.

패턴집중 훈련

1 나는 보통 매운 음식을 즐겨 먹어.   food

→ I usually go for _____

2 나는 주로 심플하게 입어.   outfits

→ I usually go for _____

3 나는 주로 연하게 화장해.   makeup

→ I usually go for _____

4 나는 보통 가장 저렴한 걸 골라.   option

→ I usually go for _____

5 나는 보통 아침에 베이글을 먹어.   bagels

→ I usually go for _____

6 나는 외식할 때 보통 한식을 먹어.   Korean food

→ I usually go for _____

7 나는 겨울에도 보통 아이스 아메리카노를 마셔. iced Americano

→ I usually go for ....

8 나는 보통 빠르고 간단한 식사를 선호해. meal

→ I usually go for ....

9 나는 보통 스트레스를 받으면 단걸 먹어. sweets, be stressed

→ I usually go for ....

10 나는 보통 새로운 것보다 익숙한 걸 좋아해. something familiar, over

→ I usually go for ....

실전 활용 훈련

11 나는 보통 샐러드를 먹어.

→ ....

12 나는 주로 무난한 색깔을 선호해.

→ ....

13 나는 넷플릭스에서 주로 로맨틱 코미디를 봐.

→ ....

14 나는 보통 편하기 위해 운동화를 신어.

→ ....

15 나는 보통 안전한 쪽을 선호해.

→ ....

I tend to ~

나는 ~하는 편이야

"I tend to ~" 패턴은 "보통 ~하는 편이다"라는 뜻으로, 자신의 생활 습관, 성격, 또는 성향에 대해 말할 때 사용합니다. 여기서 tend는 "~하는 경향이 있다"라는 의미로, 자주 쓰이는 단어이니 이번 기회에 꼭 익혀 두세요. 이 패턴 뒤에는 [동사원형]이 옵니다.

패턴 집중 훈련

1 나는 걱정을 많이 하는 편이야.   worry

→ I tend to _____

2 나는 지나치게 생각하는 편이야.   overthink

→ I tend to _____

3 나는 일을 미루는 편이야.   procrastinate

→ I tend to _____

4 나는 완벽주의자인 편이야.   be

→ I tend to _____

5 나는 아침식사를 거르는 편이야.   skip

→ I tend to _____

6 나는 툭하면(쉽게) 우는 편이야.   cry

→ I tend to _____

7 나는 긴장하면 말이 빨라지는 편이야.   talk, be nervous

→ I tend to _____

8 나는 스트레스를 받으면 먹는 편이야.   eat, be stressed

→ I tend to _____

9 나는 휴대폰을 하면서 너무 많은 시간을 보내는 편이야.   spend

→ I tend to _____

10 나는 물건을 어디에 뒀는지 깜빡하는 편이야.   forget, put

→ I tend to _____

실전활용 훈련

11 나는 커피를 많이 마시는 편이야.

→ _____

12 나는 문제를 혼자 해결하는 편이야.

→ _____

13 나는 쉽게 스트레스를 받는 편이야.

→ _____

14 나는 내 감정을 숨기는 편이야.

→ _____

15 나는 자기 전에 인스타그램을 훑는 편이야.

→ _____

Unit 003
I can't stand ~

나는 ~을 못 참아

"I can't stand ~" 패턴은 "나는 ~는 참을 수 없어" 또는 좀 더 강하게 "난 ~는 정말 싫어"라는 뜻으로, 불호나 불편함, 불쾌감을 표현할 때 쓰입니다. 여기서 stand는 '서다'가 아니라 '견디다'라는 의미이며, 일상 속에서 크고 작은 짜증이나 거부감, 스트레스를 나타낼 때 자주 사용합니다. 이 패턴 뒤에는 [명사] 또는 [동명사(-ing)]가 옵니다.

패턴집중훈련

1 나는 차 막히는 걸 못 참아. traffic

→ I can't stand _____

2 나는 와이파이가 안 터지는 걸 못 참아. bad

→ I can't stand _____

3 나는 줄 서는 걸 못 참아. wait

→ I can't stand _____

4 나는 새치기하는 사람들이 너무 싫어. people, cut

→ I can't stand _____

5 나는 집착하는 사람들을 못 참아. clingy

→ I can't stand _____

6 나는 방이 지저분한 걸 못 참아. messy

→ I can't stand _____

7 나는 시끄럽게 씹는 소리가 너무 싫어. *chewing sounds*

→ I can't stand _____

8 나는 누가 말을 끊는 게 진짜 싫어. *be interrupted*

→ I can't stand _____

9 나는 더러운 식당에서 밥 먹는 게 너무 싫어. *eating*

→ I can't stand _____

10 나는 소셜 미디어에 중독된 사람들을 못 봐주겠어. *be addicted to*

→ I can't stand _____

실전 활용 훈련

11 나는 어둠을 정말 싫어해.

→ _____

12 나는 거짓말하는 사람들을 정말 싫어해.

→ _____

13 나는 더운 날씨를 못 참아.

→ _____

14 나는 그 남자랑 일을 못 하겠어.

→ _____

15 나는 비 오는 날 외출하는 게 제일 싫어.

→ _____

I can't stop -ing

자꾸 ~을 하게 돼

"I can't stop ~" 패턴은 "나는 ~를 멈출 수 없어"라는 의미로, 어떤 행동이나 생각을 스스로 제어하지 못할 때 쓰는 표현입니다. 좀 더 자연스럽게는 "자꾸 ~만 하게 돼"라고 이해하면 좋아요. 좋은 습관이나 나쁜 습관, 혹은 멈추기 어려운 생각이나 감정을 표현할 때 자주 활용하며, 이 패턴 뒤에는 [동명사(-ing)]가 옵니다.

패턴 집중 훈련

1 네 생각만 하게 돼.　　　　　　　　　　　　　　　　　　　　　　think about

→ I can't stop _____

2 이 노래만 듣게 돼.　　　　　　　　　　　　　　　　　　　　　　listen to

→ I can't stop _____

3 이 과자를 계속 먹게 돼.　　　　　　　　　　　　　　　　　　　　chips

→ I can't stop _____

4 계속 핸드폰만 보게 돼.　　　　　　　　　　　　　　　　　　　　check

→ I can't stop _____

5 자꾸 핑계만 대게 돼.　　　　　　　　　　　　　　　　　　　　　make

→ I can't stop _____

6 계속 그 장면이 떠올라.　　　　　　　　　　　　　　　　　　　　think about

→ I can't stop _____

7 이 드라마 계속 보게 돼.   watch

   → I can't stop

8 난 요즘 자꾸 쇼핑을 하게 돼.   shop

   → I can't stop

9 이 에피소드는 계속 돌려 보게 돼.   replay

   → I can't stop

10 난 신나면 말이 너무 많아져.   talk, get excited

   → I can't stop

실전활용 훈련

11 나는 요즘 자꾸 눈물이 나.

   →

12 그녀를 보면 나도 모르게 미소 짓게 돼.

   →

13 그 노래를 자꾸 흥얼거리게(부르게) 돼.

   →

14 손톱 물어뜯는 습관을 못 고치겠어.

   →

15 제니의 영상을 계속 보게 돼.

   →

I'm in the mood for ~

지금 ~이 하고 싶어

"I'm in the mood for ~" 패턴은 "지금 ~하고 싶은 기분이야"라는 뜻으로, 특정한 음식, 활동, 분위기 등을 즐기고 싶을 때 사용하는 표현입니다. 일상 대화에서 "지금 이게 당겨" 또는 "이걸 하고 싶은 기분이야"라고 말하고 싶을 때 자연스럽게 쓸 수 있어요. 이 패턴 뒤에는 [명사]가 옵니다.

패턴 집중 훈련

1 파스타가 당겨. — pasta
   → I'm in the mood for _____

2 나 단게 먹고 싶어. — something
   → I'm in the mood for _____

3 오늘은 슬픈 영화를 보고 싶은 기분이야. — movie
   → I'm in the mood for _____

4 지금 소주가 당겨. — soju
   → I'm in the mood for _____

5 집밥이 당겨. — food
   → I'm in the mood for _____

6 지금은 그냥 혼자 시간을 좀 보내고 싶어. — time
   → I'm in the mood for _____

7 진한 커피를 한 잔 하고 싶어.　　　　　　　　　　　　　　　　cup

→ I'm in the mood for _____

8 뭔가 신나는 걸 하고 싶어.　　　　　　　　　　　　　　　something

→ I'm in the mood for _____

9 지금 뛰고 싶은 기분이야.　　　　　　　　　　　　　　　　　run

→ I'm in the mood for _____

10 해변에 가서 햇볕을 좀 쬐고 싶은 기분이야.　　　　　　　　　　sun

→ I'm in the mood for _____

실전 활용 훈련

11 치킨이 너무 당겨.

→ _____

12 매운 게 당겨.

→ _____

13 오늘 저녁에는 초밥을 먹고 싶어.

→ _____

14 와인을 한잔하고 싶어.

→ _____

15 낮잠을 자고 싶어.

→ _____

I'm feeling a bit ~

나 지금 약간 ~한 기분이야

"I'm feeling a bit ~" 패턴은 "나 지금 약간 ~한 기분이야"라는 의미로, 내 감정이나 몸 상태를 부드럽게 표현할 때 자주 씁니다. 여기서 'a bit'은 '살짝', '약간'이라는 의미를 더해, 말투가 조심스럽고 완곡하게 들리도록 도와줘요. 그래서 부담 없이 기분이나 상태를 나눌 때 쓰기 좋아요. 이 패턴 뒤에는 주로 [형용사]가 옵니다.

패턴 집중 훈련

1 나 지금 약간 피곤해.　　　　　　　　　　　　　　　　　　　　　tired

→ I'm feeling a bit _____

2 나 지금 좀 지루해.　　　　　　　　　　　　　　　　　　　　　　bored

→ I'm feeling a bit _____

3 나 오늘은 하루 종일 좀 예민하네.　　　　　　　　　　　　　　sensitive

→ I'm feeling a bit _____

4 지금 좀 무기력해.　　　　　　　　　　　　　　　　　　　　　　　low

→ I'm feeling a bit _____

5 지금 상태가 좀 안 좋아.　　　　　　　　　　　　　　　　　　　　off

→ I'm feeling a bit _____

6 지금 좀 몽롱한 상태야.　　　　　　　　　　　　　　　　　　　　out

→ I'm feeling a bit _____

7 지금 살짝 우울해.   down

→ I'm feeling a bit _____

8 운동하고 났더니 약간 근육통이 있어.   sore

→ I'm feeling a bit _____

9 약간 열이 나는 것 같아.   feverish

→ I'm feeling a bit _____

10 오늘은 운이 좀 좋을 것 같아.   lucky

→ I'm feeling a bit _____

실전 활용 훈련

11 약간 부끄럽네.

→ _____

12 나 지금 걔 때문에 좀 짜증 나.

→ _____

13 난 지금 이곳이 약간 어색해.

→ _____

14 나 지금 좀 어지러워.

→ _____

15 아까보다는 좀 나아졌어.

→ _____

I get really … when ~

나는 ~할 때 정말 …해져

"I get really … when ~" 패턴은 "~할 때 나는 정말 …해져"라는 의미로, 어떤 상황이 닥치면 내 감정이나 반응이 어떻게 변하는지를 말할 때 사용합니다. get 뒤에는 감정을 나타내는 형용사가 주로 오고, when 뒤에는 [주어+동사] 형태로 상황을 설명하면 돼요. 정리하자면, "I get really [형용사] when [주어+동사]" 이렇게 외워 두면 됩니다.

패턴 집중 훈련

1 나는 배고프면 정말 짜증나.   annoyed, hungry

   → I get really _____ when _____

2 나는 날씨가 흐리면 기분이 가라앉아.   down, gloomy

   → I get really _____ when _____

3 나는 사람들 앞에서 말할 때 진짜 떨려.   nervous, speak

   → I get really _____ when _____

4 나는 칭찬을 들으면 기분이 정말 좋아져.   happy, compliments

   → I get really _____ when _____

5 나는 쇼핑몰에서 사람이 너무 많으면 정말 불안해져.   anxious, crowded

   → I get really _____ when _____

6 나는 하루 종일 아무것도 안 하면 게을러져.   sluggish, nothing

   → I get really _____ when _____

7 나는 누가 너무 사적인 질문을 하면 불편해져.　　　　　　　　　uncomfortable, personal

→ I get really _____ when _____

8 나는 여행 갈 때마다 굉장히 설레.　　　　　　　　　　　　　　　pumped, trip

→ I get really _____ when _____

9 나는 마감이 가까우면 너무 초조해져.　　　　　　　　　　　　　stressed, near

→ I get really _____ when _____

10 나는 친구들이랑 있으면 되게 유치해져.　　　　　　　　　　　　goofy, friends

→ I get really _____ when _____

실전활용 훈련

11 나는 사람들이 나를 무시하면 진짜 화가 나.

→ _____

12 나는 시험을 볼 때 정말 긴장을 많이 해.

→ _____

13 나는 스트레스를 받으면 엄청 예민해져.

→ _____

14 나는 친구랑 싸우면 진짜 속상해져.

→ _____

15 나는 일이 내 계획대로 진행되지 않으면 엄청 불안해져.

→ _____

Unit 008

I have a hard time ~

나는 ~하는 데에 어려움이 있어

"I have a hard time ~" 패턴은 "난 ~하는 데에 어려움이 있어"라는 의미로, 어떤 행동이 쉽지 않고 힘든 일이라고 말할 때 자주 사용합니다. 즉, 잘 못하거나 어렵게 느끼는 것을 두고 "난 이게 참 힘들어."라고 표현할 때 딱 맞는 패턴이에요. 이 패턴 뒤에는 보통 [동명사(-ing)]가 옵니다.

패턴 집중 훈련

1 나는 일찍 일어나는 게 힘들어.   wake up

→ I have a hard time _____

2 나는 돈을 절약하는 게 어려워.   save

→ I have a hard time _____

3 나는 결정을 내리는 게 힘들어.   make

→ I have a hard time _____

4 나는 이름을 잘 기억하지 못해.   remember

→ I have a hard time _____

5 나는 사람들한테 거절을 잘 못해.   say

→ I have a hard time _____

6 시끄러우면 집중하기가 힘들어.   concentrate

→ I have a hard time _____

7 하루 종일 긍정적인 마음을 유지하기가 참 힘들어.   stay, throughout

→ I have a hard time _____

8 나는 처음 보는 사람들과 스몰토크를 하는 게 힘들어.   make, strangers

→ I have a hard time _____

9 나 자신을 위한 시간을 만드는 게 참 어려워.   make, myself

→ I have a hard time _____

10 일상 루틴을 유지하는 게 어려워.   keep

→ I have a hard time _____

실전 활용 훈련

11 나는 요즘 일에 집중하는 게 너무 어려워.

→ _____

12 나는 사람을 잘 못 믿어.

→ _____

13 나는 살을 빼는 게 힘들어.

→ _____

14 나는 잠에 드는 게 어려워.

→ _____

15 나는 친구들 생일을 기억하는 게 힘들어.

→ _____

I'm all about ~

나는 ~하는 데 진심이야

"I'm all about ~" 패턴은 "난 ~에 진심이야", "난 ~를 완전 좋아해", "난 ~에 푹 빠졌어"라는 의미로, 요즘 최대 관심사나 즐기는 것을 말할 때 쓰기 딱 좋은 표현입니다. 취향이나 취미뿐 아니라, 중요하게 여기는 가치관을 나타낼 때도 매우 유용한 패턴이에요. 이 패턴 뒤에는 [명사] 또는 [동명사(-ing)]가 옵니다.

패턴 집중 훈련

1 나는 가족이 제일 중요해.   family
   → I'm all about

2 나는 요즘 미니멀 라이프에 꽂혔어.   minimalism
   → I'm all about

3 나는 건강하게 먹는 데 진심이야.   eat
   → I'm all about

4 나는 자기 계발에 진심이야.   self-growth
   → I'm all about

5 나는 저녁에 산책하는 걸 너무 좋아해.   evening walks
   → I'm all about

6 나는 혼자 여행하는 걸 진짜 좋아해.   solo travel
   → I'm all about

7 나는 시간 관리하는 데에 진심이야.   manage

→ I'm all about _____

8 나는 사회 환원에 진심이야.   give back

→ I'm all about _____

9 나는 느긋한 주말이 가장 좋아.   weekends

→ I'm all about _____

10 나는 벼룩 시장에서 중고로 사는 거에 푹 빠졌어.   thrift

→ I'm all about _____

실전 활용 훈련

11 나는 새로운 것을 해 보는 걸 좋아해.

→ _____

12 나는 워라벨이 너무 중요해.

→ _____

13 나는 자연스러운 화장법이 좋아.

→ _____

14 나는 모든 관계에서 솔직함을 중요하게 생각해.

→ _____

15 나는 요즘 헬스장에서 운동하는 것에 꽂혔어.

→ _____

Unit 010

I'm not really into ~

나는 ~을 그렇게 좋아하지 않아

"I'm not really into ~" 패턴은 "난 ~을 그렇게 좋아하지 않아, 큰 관심 없어"라는 의미로, 어떤 걸 싫다고 직설적으로 말하지 않고 부드럽게 표현할 때 사용하기 좋아요. 반대로 "I'm really into ~"라고 하면 "난 ~을 정말 좋아해"라는 의미가 되니, 함께 기억해 두면 활용도가 높습니다. 이 패턴 뒤에는 [명사] 또는 [동명사(-ing)]가 옵니다.

패턴 집중 훈련

1 나는 공포 영화를 그렇게 좋아하지 않아.   horror movies

→ I'm not really into _____

2 나는 요즘 그 어떤 유행에도 큰 관심이 없어.   trends

→ I'm not really into _____

3 나는 더 이상 SNS에 큰 관심이 없어.   social media

→ I'm not really into _____

4 나는 데이트 어플을 별로 안 좋아해.   dating apps

→ I'm not really into _____

5 나는 밤늦게까지 밖에 있는 걸 좋아하지 않아.   stay out

→ I'm not really into _____

6 나는 정치 얘기하는 걸 별로 안 좋아해.   talk about

→ I'm not really into _____

7 나는 하루 종일 문자하는 건 별로야.   text

→ I'm not really into _____

8 나는 자기 계발서 읽는 걸 별로 좋아하지 않아.   read

→ I'm not really into _____

9 나는 내 생일 챙기는 거 별로 안 좋아해.   celebrate

→ I'm not really into _____

10 나는 차려입는 건 별로야.   dress up

→ I'm not really into _____

실전 활용 훈련

11 나는 게임하는 거 안 좋아해.

→ _____

12 나는 명품 가방에는 관심 없어.

→ _____

13 나는 외식을 별로 안 좋아해.

→ _____

14 나는 내 절친과는 달리 케이팝에 큰 관심이 없어.

→ _____

15 나는 매일 화장하는 건 별로야.

→ _____

Part 2

부드럽게
내 생각을 말할 때
쓰는 패턴

Unit 011

I guess ~

~인 것 같아

"I guess ~" 패턴은 "내 생각엔 ~인 것 같아" 또는 "~ 인가 보지 뭐"처럼, 확실하지 않은 추측이나 의견을 말할 때 쓸 수 있어요. 여기서 guess는 '추측하다, 짐작하다'라는 뜻으로 알아 두면 됩니다. 이 패턴 뒤에는 보통 [주어+동사]가 옵니다.

패턴 집중 훈련

1 네 말이 맞는 것 같아.   be right

→ I guess _____

2 오늘은 집에 있어야겠네.   stay

→ I guess _____

3 이번엔 내가 틀린 것 같아.   be wrong

→ I guess _____

4 우리 기대가 너무 컸던 것 같아.   expect

→ I guess _____

5 그녀는 나한테 별로 관심 없나 봐.   be into

→ I guess _____

6 결국 다 잘 풀리겠지.   work out, end

→ I guess _____

7 이제 잊고 새 사람을 찾을 때가 된 것 같아.   time, move on, someone

→ I guess _____

8 우리는 그냥 잘 안 맞는 것 같아.   get along

→ I guess _____

9 오늘 엄마 기분이 안 좋으신 것 같아.   mood

→ I guess _____

10 그냥 그런 날인 것 같아.   those days

→ I guess _____

실전 활용 훈련

11 그게 인생인가 봐.

→ _____

12 내가 과민 반응 했나 봐.

→ _____

13 그냥 받아들여야 할 것 같아.

→ _____

14 난 더 이상 거기에 관심이 없는 것 같아.

→ _____

15 걔는 나랑 별로 얘기하고 싶지 않나 봐.

→ _____

The thing is ~

사실은 ~야 / 문제는 ~야

"The thing is ~" 패턴은 "사실은 말이야 ~", "그러니까 ~", "문제는 말이지 ~"라는 의미로, 영어회화에서 정말 자주 쓰이는 말머리 표현입니다. 어떤 상황이나 걱정, 핑계, 또는 새로운 주제를 꺼낼 때 부드럽게 이어 주는 역할을 해요. 이 패턴 뒤에는 [주어+동사]가 옵니다.

패턴 집중 훈련

1 문제는 내가 차가 없다는 거야. have
   → The thing is

2 문제는 내가 그걸 감당할 금전적 여유가 없다는 거야. afford
   → The thing is

3 난 사실 네가 잘 되길 진심으로 바라. want
   → The thing is

4 문제는 내 아이가 너무 예민하다는 거야. be sensitive
   → The thing is

5 사실 걔가 딱히 내 스타일은 아니야. be
   → The thing is

6 문제는 내가 아직 결정을 못 했다는 거야. make up
   → The thing is

7 사실은 나도 가고 싶지 않아.   *want*

→ The thing is _____

8 사실은 내가 아직 걔를 못 잊었어.   *be over*

→ The thing is _____

9 사실은 내가 이미 모든 걸 시도해 봤어.   *try*

→ The thing is _____

10 문제는 내가 그걸 해낼 자신이 없다는 거야.   *be sure*

→ The thing is _____

실전활용 훈련

11 문제는 그게 그렇게 간단하지는 않다는 거야.

→ _____

12 문제는 그녀가 나에게 거짓말을 했다는 거야.

→ _____

13 사실은 아직 그에게 마음이 있어.

→ _____

14 사실은 지금 내가 그럴 기분이 아니야.

→ _____

15 사실 나도 더 이상 누구를 믿어야 하는 건지도 잘 모르겠어.

→ _____

Unit 013

It's just that ~

그냥 ~해서 그래

"It's just that ~" 패턴은 "그게 아니라, 단지 ~일 뿐이야", "그냥 ~해서 그래"라는 의미로, 상대방의 기분을 상하지 않게 조심스럽게 말하고 싶을 때 사용할 수 있습니다. 반대 의견을 말하거나 거절할 때, 혹은 이유나 변명을 언급할 때 자주 써요. 이 패턴 뒤에는 [주어+동사]가 옵니다.

패턴집중훈련

1. 그냥 너무 피곤해서 그래.   be tired
   → It's just that

2. 그냥 우린 별로 안 맞는 것 같아.   click
   → It's just that

3. 사실 내가 이미 다른 할 일이 있어서 그래.   have plans
   → It's just that

4. 내가 지금 도울 수 있는 입장이 아니라 그래.   be in
   → It's just that

5. 단지 요즘 엄청 정신이 없었을 뿐이야.   be busy, lately
   → It's just that

6. 그냥 어떤 문제도 일으키고 싶지 않았을 뿐이야.   want, cause
   → It's just that

7 그냥 지금 타이밍이 안 맞는 것 같아.   *timing, feel off*

→ It's just that _____

8 그냥 또 상처 받을까 봐 무서워서 그래.   *be scared, get hurt*

→ It's just that _____

9 내가 널 믿으려면 시간이 더 필요하다는 거야.   *need, trust*

→ It's just that _____

10 그냥 진지한 관계/일에 준비가 안 됐을 뿐이야.   *be ready, serious*

→ It's just that _____

실전활용 훈련

11 그냥 걱정돼서 그런 거야.

→ _____

12 그냥 아직 준비가 안 됐어.

→ _____

13 사실 지금은 나 자신에게 집중하고 싶어서 그래.

→ _____

14 그냥 그걸 받아들이기가 힘들 뿐이야.

→ _____

15 사실 네가 그렇게 반응할 줄은 몰랐어.

→ _____

Unit 014
I have a feeling that ~
~할 것 같은 느낌이 들어

"I have a feeling that ~" 패턴은 "~할 것 같은 느낌이 들어", "왠지 ~할 것 같아"라는 의미로, 미래에 대한 직감이나 추측을 표현할 때 쓰기도 하지만, 현재나 과거 상황에 대해서도 사용 가능합니다. 이 표현은 긍정/부정/중립적인 상황에 모두 사용될 수 있어서 활용도가 아주 높습니다. 이 패턴 뒤에는 [주어+동사]가 오며, that은 생략할 수 있어요.

패턴집중 훈련

1 우리 뭔가를 깜빡한 것 같은 느낌인데. 　　　　　　　　　　　forget
   → I have a feeling that _____

2 그가 늦을 것 같은 예감이 들어. 　　　　　　　　　　　be late
   → I have a feeling that _____

3 비가 곧 올 것 같은 예감이 들어. 　　　　　　　　　be going to
   → I have a feeling that _____

4 친구가 곧 전화할 것 같아. 　　　　　　　　　　　　　　call
   → I have a feeling that _____

5 엄마가 안 된다고 하실 것 같은 예감이 들어. 　　　　　　　　say
   → I have a feeling that _____

6 그녀가 뭔가를 숨기고 있는 것 같다는 느낌이 들어. 　　　　　hide
   → I have a feeling that _____

7 저 분을 예전에 본 적 있는 것 같은 느낌이야.   see, before

→ I have a feeling that _____

8 이게 맞는 길인 것 같아.   be

→ I have a feeling that _____

9 이 영화는 무척 슬플 것 같은 예감이 들어.   be sad

→ I have a feeling that _____

10 오늘 좋은 하루가 될 것 같은 느낌이 들어.   be

→ I have a feeling that _____

실전활용 훈련

11 그가 마음을 바꿀 것 같은 예감이 들어.

→ _____

12 걔네 헤어진 것 같은데.

→ _____

13 나 승진할 것 같은 예감이 들어.

→ _____

14 내 팀이 내 아이디어를 안 좋아할 것 같은 느낌이 들어.

→ _____

15 미팅이 취소될 것 같은 느낌이야.

→ _____

Unit 015
It could be that ~

아마도 ~일지도 몰라

"It could be that ~" 패턴은 "아마도 ~일지도 몰라", "아마 ~일 가능성이 있어"라는 의미로, 확신은 없지만 여러 가능성 중 하나로 조심스럽게 의견을 낼 때 쓰기 좋아요. 이 패턴 뒤에는 [주어+동사]가 오며, that은 생략해도 됩니다.

패턴집중훈련

1 아마 그녀가 지금 바쁜가 보다.   be busy

　→ It could be that _____

2 네가 충분히 노력하지 않은 것일 수도 있어.   try

　→ It could be that _____

3 아마 걔네 차가 막히나 봐.   be stuck

　→ It could be that _____

4 아마 내가 널 오해했던 걸 수도 있어.   misunderstand

　→ It could be that _____

5 네 남자 친구가 밖에서 너를 기다리고 있을 수도 있어.   wait for

　→ It could be that _____

6 아마 그가 오늘 몸이 안 좋은 걸 수도 있어.   feel well

　→ It could be that _____

7 아마 회의 일정이 변경되었던 걸 수도 있어.   be rescheduled

→ It could be that _____

8 가게가 이미 닫았을 수도 있어.   be closed

→ It could be that _____

9 네가 잘못된 주소에 가 있는 걸 수도 있어.   be at

→ It could be that _____

10 아마 이메일이 스팸 메일함에 가 있었을 수 있어.   get lost

→ It could be that _____

실전 활용 훈련

11 비행기가 연착된 걸 수도 있어.

→ _____

12 아마 그가 답을 모르는 걸 수도 있어.

→ _____

13 그가 우리한테 말을 안 하고 일찍 떠난 걸 수도 있어.

→ _____

14 아마 그녀가 휴대폰 벨소리를 못 들었을 수도 있어.

→ _____

15 열쇠가 네 가방 안에 있을 수도 있어.

→ _____

Unit 016
I'd say ~
내 생각엔 ~

"I'd say ~" 패턴은 "I would say ~"를 줄인 표현으로, "내 생각엔 ~", "굳이 말하자면 ~", "내가 보기엔 ~" 이런 의미로 쓰입니다. 내 의견이나 생각을 말할 때, 혹은 확실하지 않은 상황에서 조심스럽게 추측할 때 활용할 수 있어요. "I think ~"와 비슷하지만 실제 회화에서는 오히려 "I'd say"가 더 자주 쓰입니다. 이 패턴 뒤에는 보통 [주어+동사]가 오고, 권유나 제안을 할 때는 주어를 생략하고 바로 [동사]로 시작할 수도 있다는 점을 기억하세요.

패턴 집중 훈련

1 그는 40대로 보이는 것 같아.   be in

→ I'd say

2 우리 한번 시도해 보는 게 좋을 것 같아.   give

→ I'd say

3 내가 보기엔 그거 비겼는데.   be

→ I'd say

4 우리 여기까지만 하는 게 좋겠어.   call

→ I'd say

5 걔가 너 좋아하는 것 같은데.   like

→ I'd say

6 이 정도면 됐지.   close enough

→ I'd say

7 너는 너무 걱정을 많이 하는 것 같아.   worry

→ I'd say _____

8 우리 괜찮을 거야.   be fine

→ I'd say _____

9 그는 과민 반응을 하는 것 같아.   overreact

→ I'd say _____

10 그녀는 진실을 말하고 있는 것 같아.   tell

→ I'd say _____

실전활용 훈련

11 우리 조심하는 게 좋을 것 같아.

→ _____

12 걔 도움이 필요한 것 같아.

→ _____

13 그럴 만도 한 것 같아.

→ _____

14 우리 다 와 가는 것 같은데.

→ _____

15 한번 해 봐!

→ _____

It looks like ~

~인 것 같아

"It looks like ~" 패턴은 "~처럼 보여" 또는 "~인 것 같아"라는 뜻으로, 눈에 보이는 상황이나 상태, 표정, 분위기를 보고 내 생각이나 의견을 말할 때 사용합니다. 이 패턴 뒤에는 [주어+동사]가 옵니다.

패턴 집중 훈련

1. 너 잠을 많이 못 잔 것 같네.   get sleep
   → It looks like

2. 웨이터가 우리 주문을 잊어버린 것 같아.   forget
   → It looks like

3. 내 사촌은 시험에 붙은 것 같아.   pass
   → It looks like

4. 뭔가 잘못된 것 같은데.   go wrong
   → It looks like

5. 저 커플 싸웠나 봐.   have
   → It looks like

6. 너 방금 일어난 사람 같아.   wake up
   → It looks like

7 전기가 나간 것 같아.   be out

→ It looks like

8 힘든 하루였나 보네.   have

→ It looks like

9 우리 계란이 안전히 다 떨어진 것 같아.   be out of

→ It looks like

10 너 운동한 티가 나네.   work out

→ It looks like

실전활용 훈련

11 쟤네 사귀는 것 같아.

→

12 드디어 봄이 온 것 같아.

→

13 다들 집에 간 것 같은데.

→

14 그 카페는 문을 닫은 것 같은데.

→

15 너 살이 빠져 보여.

→

Unit 018

If you ask me, ~

내 생각엔, ~야

"If you ask me, ~" 패턴은 직역하면 "내 의견을 묻는다면, ~"이지만, 실제로는 상대가 묻지 않아도 내 생각을 부드럽게 전할 때 쓰는 표현이에요. 그래서 "내 생각엔, ~", "내가 보기엔, ~", "솔직히 말하면, ~" 정도로 이해하면 더 쉽게 사용할 수 있습니다. 이 패턴 뒤에는 [주어+동사]가 옵니다.

패턴 집중 훈련

1 내 생각엔 넌 걱정이 너무 많아.　　　　　　　　　　　　　　　　　　worry

   → If you ask me, _____

2 내가 보기엔 이 식당은 과대평가됐어.　　　　　　　　　　　　　　be overrated

   → If you ask me, _____

3 솔직히 말하면, 이 영화는 너무 과소평가됐어.　　　　　　　　　be underrated

   → If you ask me, _____

4 솔직히 말하면, 이거 맛이 이상해.　　　　　　　　　　　　　　　　　taste

   → If you ask me, _____

5 내 생각엔 걔네 너무 서두르고 있어.　　　　　　　　　　　　　　　　rush

   → If you ask me, _____

6 내가 보기엔 우리집은 리모델링이 필요해.　　　　　　　　　need, makeover

   → If you ask me, _____

7 내 생각엔 우리가 잘 결정한 거야.   *make*

→ If you ask me, _____

8 내 생각엔 그 일은 그냥 잊는 게 좋겠어.   *let go*

→ If you ask me, _____

9 솔직히 말하면, 넌 더 좋은 사람을 만날 자격이 있어.   *deserve*

→ If you ask me, _____

10 내 생각엔 내가 그 상황에 잘 대처한 것 같아.   *handle, situation*

→ If you ask me, _____

실전 활용 훈련

11 솔직히 말하면, 내 소개팅 상대가 말이 너무 많아.

→ _____

12 내 생각엔 네가 너무 깊게 생각하는 것 같아.

→ _____

13 내가 보기엔 맥도날드가 최고의 패스트푸드점이야.

→ _____

14 내 생각엔 우리에게 이 동네가 완벽해.

→ _____

15 솔직히 말하면, 걔네 헤어지는 게 나아.

→ _____

Unit 019
I don't know about you, but ~

넌 어떨지 몰라도 난 ~

"I don't know about you, but ~" 패턴은 직역하면 "너는 어떤지 모르겠지만, 나는 ~"이라는 뜻이에요. 내 감정이나 생각을 말하면서도 상대에게 공감할 여지를 남기는 표현으로, 대화할 때 훨씬 부드럽게 들리기 때문에 원어민들이 습관적으로 자주 쓰는 말버릇과 같은 패턴입니다. 이 패턴 뒤에는 바로 [주어+동사]가 따라요.

패턴 집중 훈련

1 넌 어떤지 모르겠지만, 난 커피가 절실히 필요해.　　　　　　　　　　　desperately need

→ I don't know about you, but

2 넌 어떤지 모르겠지만, 난 비 오는 날을 정말 좋아해.　　　　　　　　　　love

→ I don't know about you, but

3 넌 어떤지 모르겠지만, 난 잠깐 쉬어야겠어.　　　　　　　　　　　　　need, quick

→ I don't know about you, but

4 넌 어떤지 모르겠지만, 난 배고파 죽겠어.　　　　　　　　　　　　　　starve

→ I don't know about you, but

5 넌 어떻게 생각하는지 모르겠지만, 난 좀 믿기 힘들어.　　　　　　　　　buy

→ I don't know about you, but

6 너의 생각은 어떤지 모르겠는데, 난 더 이상 싸우고 싶지 않아.　　　　　　want to

→ I don't know about you, but

7 너의 의견은 어떤지 모르겠는데, 난 그가 잘 해낸 것 같아.   think, do

→ I don't know about you, but _____

8 넌 어떤지 모르겠지만, 난 더위를 못 참겠어.   handle, heat

→ I don't know about you, but _____

9 넌 어떤지 모르겠는데, 난 이 TV 프로그램이 벌써 질렸어.   be sick of

→ I don't know about you, but _____

10 넌 어떤지 모르겠는데, 난 모든 걸 단순하게 하는 게 좋아.   like, keep simple

→ I don't know about you, but _____

실전 활용 훈련

11 넌 어떨지 모르겠지만, 난 한잔해야겠어.

→ _____

12 넌 어떤지 모르겠는데, 난 월요일이 싫어.

→ _____

13 넌 어떤지 모르겠지만, 난 갈 준비가 됐어.

→ _____

14 넌 어떤지 모르겠는데, 난 단게 당겨.

→ _____

15 넌 어떤지 모르겠지만, 난 전화보다 문자를 선호해.

→ _____

Chances are ~
~할 가능성이 커

"Chances are ~" 패턴은 "아마 ~일 거야", "~할 가능성이 커"라는 의미로, 추측을 말할 때 쓰는 표현입니다. 특히 어떤 일이 일어날 가능성을 거의 90%쯤 확신할 때 쓰인다고 이해하면 편해요. 이 패턴 뒤에는 바로 [주어+동사]가 오고, that은 생략해도 됩니다.

패턴 집중 훈련

1 아마 걔 안 올 거야. — come
→ Chances are

2 내일 눈이 올 확률이 높아. — snow
→ Chances are

3 아마 너 이 영화 분명 좋아할 거야. — love
→ Chances are

4 그가 오늘 미팅을 깜빡한 것 같아. — forget
→ Chances are

5 회의가 길어질 가능성이 커. — run
→ Chances are

6 우리 부모님은 벌써 잠드셨을걸. — be asleep
→ Chances are

7 너 그거 잘못 들었을지도 몰라. *hear, right*

→ Chances are

8 오늘 파티 때문에 아마 우리 내일 엄청 피곤할 거야. *super tired*

→ Chances are

9 우린 아마 서로 또 마주치게 될걸. *run into*

→ Chances are

10 올해 시험은 유독 어려울 확률이 커. *especially hard*

→ Chances are

실전활용 훈련

11 걔네가 늦어지고 있는지도 몰라.

→

12 아마 그녀는 이미 사무실을 떠났을걸.

→

13 이 책의 결말을 넌 안 좋아할 가능성이 커.

→

14 걔가 널 못 알아봤을 수도 있어.

→

15 네 택배는 내일 도착할 가능성이 커.

→

상대에 대해 알고 싶을 때 쓰는 패턴

Unit 021
How often do you ~?
얼마나 자주 ~하니?

"How often do you ~?" 패턴은 "얼마나 자주 ~하니?"라는 질문으로, 상대방의 습관이나 빈도를 물을 때 쓰는 표현이에요. 특히 잘 모르는 사람의 취미나 루틴을 알아갈 때 유용합니다. 이 패턴 뒤에는 바로 [동사원형]이 오고, 필요에 따라 [목적어]나 [장소]가 뒤따를 수 있습니다.

패턴 집중 훈련

1 얼마나 자주 울어?   cry
   → How often do you _____

2 헬스장은 얼마나 자주 가?   go
   → How often do you _____

3 외식을 얼마나 자주 해?   eat out
   → How often do you _____

4 배달 음식은 얼마나 자주 시켜 먹어?   get
   → How often do you _____

5 휴대폰을 얼마나 자주 확인해?   check
   → How often do you _____

6 친구들은 얼마나 자주 봐?   see
   → How often do you _____

7 스트레스를 얼마나 자주 받아?　　　　　　　　　　　　　　　　feel stressed

→ How often do you

8 부모님 안부는 얼마나 자주 여쭤봐?　　　　　　　　　　　　　check in on

→ How often do you

9 방 청소는 얼마나 자주 해?　　　　　　　　　　　　　　　　　　clean

→ How often do you

10 밤샘은 얼마나 자주 해?　　　　　　　　　　　　　　　　pull, all-nighter

→ How often do you

실전 활용 훈련

11 뉴스는 얼마나 자주 확인해?

→

12 몸무게는 얼마나 자주 재?

→

13 비타민은 얼마나 자주 챙겨 먹어?

→

14 유튜브를 얼마나 자주 봐?

→

15 디저트는 얼마나 자주 먹어?

→

Unit 022

Do you ever ~?

너 ~한 적 있어?

"Do you ever ~?" 패턴은 "너 ~한 적 있어?" 또는 "너 가끔 ~해?"라는 질문으로, 경험이나 가끔 있는 습관을 물어볼 때 아주 자연스럽게 쓸 수 있어요. 이 패턴 뒤에는 [동사원형]이 바로 옵니다.

패턴 집중 훈련

1 영화를 보다가 울 때가 있어?   cry, during

  → Do you ever

2 아침식사를 거를 때가 있어?   skip

  → Do you ever

3 혼잣말을 할 때가 있어?   talk to

  → Do you ever

4 다른 일을 했으면 좋겠다고 생각한 적 있어?   wish, have a job

  → Do you ever

5 회의 전에 긴장할 때가 있어?   get nervous

  → Do you ever

6 대화 중에 멍 때릴 때가 있어?   zone out

  → Do you ever

7   일부러 전화를 안 받을 때가 있어?   avoid, on purpose

    → Do you ever

8   다른 사람이랑 자신을 비교할 때가 있어?   compare with

    → Do you ever

9   영어로 꿈꾼 적 있어?   dream in

    → Do you ever

10 아무도 날 이해하지 못한다고 느낄 때가 있어?   feel like

    → Do you ever

실전활용 훈련

11 친구들이 부러울 때가 있어?

    →

12 샤워하면서 노래 부를 때가 있어?

    →

13 TV 보느라 늦게까지 안 잘 때가 있어?

    →

14 결정을 후회한 적 있어?

    →

15 사람 이름을 까먹을 때가 있어?

    →

Unit 023

What do you usually ~?

평소에 ~해?

"What do you usually ~?" 패턴은 "너 보통 ~해?", "평소에 ~해?"라는 의미로, 평소의 습관, 루틴, 선호를 물을 때 자주 쓰입니다. 여기서 usually는 '주로', '보통', '평소에' 이런 의미의 부사예요. 일반적으로 조동사 뒤, 일반동사 앞에 위치합니다. 이 패턴 뒤에는 [동사원형]을 붙여 문장을 완성하면 됩니다.

패턴 집중 훈련

1 주말에 보통 뭐 해?   do
  → What do you usually _____

2 스타벅스에서 주로 뭘 시켜?   order
  → What do you usually _____

3 인스타그램에 보통 뭘 올려?   post
  → What do you usually _____

4 저녁은 보통 뭘 해 먹어?   cook
  → What do you usually _____

5 넷플릭스에서 보통 뭘 봐?   watch
  → What do you usually _____

6 사무실엔 보통 뭘 입고 가?   wear
  → What do you usually _____

7 아침으로 주로 뭘 먹어?   eat

→ What do you usually

8 코스트코에서 주로 뭘 사?   buy

→ What do you usually

9 보통 짝사랑하는 사람한테는 뭐라고 해?   say, crush

→ What do you usually

10 헬스장에는 보통 뭘 가져가?   bring

→ What do you usually

실전활용 훈련

11 퇴근 후에는 보통 뭐 해?

→

12 피자 시킬 때 보통 뭘 시켜?

→

13 생일에는 주로 뭐 해?

→

14 주말엔 보통 뭐 요리해 먹어?

→

15 운전할 때 주로 뭘 들어?

→

Unit 024

How do you feel about ~?

~에 대해 어떻게 생각해?

"How do you feel about ~?" 패턴은 "~에 대해 어떻게 생각해?" 또는 "기분이 어때?"라는 뜻으로, 상대방의 생각이나 감정, 의견을 물을 때 유용해요. 흔히 알고 있는 "What do you think about ~?"과 같은 의미지만, 좀 더 부드럽고 부담 없는 뉘앙스를 줍니다. 이 패턴 뒤에는 [명사] 또는 [동명사]가 옵니다.

패턴 집중 훈련

1. 이 아이디어에 대해 어떻게 생각해? idea
   → How do you feel about _____

2. 재택근무에 대해 어떻게 생각해? work
   → How do you feel about _____

3. 요즘 네 일은 어때? job
   → How do you feel about _____

4. 마흔이 되는 기분이 어때? turn
   → How do you feel about _____

5. 장거리 연애에 대해 어떻게 생각해? relationship
   → How do you feel about _____

6. 데이트 앱에 대해 어떻게 생각해? dating app
   → How do you feel about _____

7 나랑 동거하는 거 어떻게 생각해? move in with

→ How do you feel about ....

8 성형에 대해 어떻게 생각해? plastic surgery

→ How do you feel about ....

9 전 애인끼리 친구로 지내는 거에 대해 어떻게 생각해? ex, stay

→ How do you feel about ....

10 채식주의자가 되어 보는 건 어때? go vegan

→ How do you feel about ....

실전활용 훈련

11 소셜미디어에 대해 어떻게 생각해?

→ ....

12 혼밥에 대해 어떻게 생각해?

→ ....

13 팁 문화에 대해 어떻게 생각해?

→ ....

14 주 4일 근무에 대해 어떻게 생각해?

→ ....

15 우리 부모님 만나는 거에 대한 기분이 어때?

→ ....

Unit 025

Have you ever ~?

~해 본 적 있어?

"Have you ever ~?" 패턴은 "~해 본 적 있어?"라는 의미로, 지금까지 살아오면서 한 번이라도 경험한 적이 있는지를 물을 때 씁니다. 현재완료 시제(have+p.p.)를 사용하고, ever은 '한 번이라도'라는 강조 역할을 합니다. 질문을 만들기 위해 have는 앞으로 빠지고 패턴 뒤에는 [과거분사(p.p.)]가 오는 걸 기억해 두세요.

패턴 집중 훈련

1 연예인을 만나 본 적 있어? meet
   → Have you ever

2 사랑에 빠져 본 적 있어? be in
   → Have you ever

3 비행기를 놓쳐 본 적 있어? miss
   → Have you ever

4 수업 시간에 졸아 본 적 있어? fall
   → Have you ever

5 귀신을 본 적 있어? see
   → Have you ever

6 소개팅을 해 본 적 있어? go on
   → Have you ever

7 미용실에서 머리를 망쳐 본 적 있어? get a haircut

→ Have you ever _____

8 누구를 울려 본 적 있어? make, cry

→ Have you ever _____

9 너 차여 본 적 있어? be dumped

→ Have you ever _____

10 투잡을 뛰어 본 적 있어? juggle

→ Have you ever _____

실전활용훈련

11 반려동물을 키워 본 적 있어?

→ _____

12 버스에서 잠든 적 있어?

→ _____

13 서핑을 해 본 적 있어?

→ _____

14 정말 이상한 꿈을 꾼 적 있어?

→ _____

15 모든 걸 그만두고 여행만 다니고 싶었던 적 있어?

→ _____

Unit 026

How did you end up ~?

어쩌다 ~하게 됐어?

"How did you end up ~?" 패턴은 "어떻게 ~하게 된 거야?" 또는 "어쩌다 ~하게 됐어?"라는 의미예요. 예상하지 못했던 상황이나 상태에 대해, 그 과정이 궁금할 때 놀라움과 호기심을 담아 물어볼 수 있는 질문입니다. 'end up'은 '결과적으로 ~하게 되다'라는 의미로, 주로 실수, 우연, 예상치 못한 상황에서 자주 써요. 이 패턴 뒤에는 [동명사(-ing)]가 올 수도 있고, [전치사+명사]가 올 수도 있어요.

패턴 집중 훈련

1 어쩌다 뉴욕에 살게 됐어?　　　　　　　　　　　　　　　　　　　　　　in
　→ How did you end up

2 어쩌다 휴대폰이 두 개가 된 거야?　　　　　　　　　　　　　　　　　　with
　→ How did you end up

3 어쩌다 이 지경까지 오게 된 거야?　　　　　　　　　　　　　　　　　　in
　→ How did you end up

4 어떻게 여기서 일하게 된 거야?　　　　　　　　　　　　　　　　　　　work
　→ How did you end up

5 어쩌다 선생님이 된 거야?　　　　　　　　　　　　　　　　　　　　　become
　→ How did you end up

6 어쩌다 돈을 이렇게 많이 쓴 거야?　　　　　　　　　　　　　　　　　　spend
　→ How did you end up

7 어쩌다 비행기를 놓치게 된 거야?   miss

→ How did you end up

8 어떻게 이 전공을 선택하게 됐어?   choose

→ How did you end up

9 어쩌다 부모님 집에 다시 살게 됐어?   move back in with

→ How did you end up

10 어쩌다 마음을 바꾸게 됐어?   change

→ How did you end up

실전 활용 훈련

11 어떻게 여기에 오게 된 거야?

→

12 어쩌다 늦잠을 자게 된 거야?

→

13 어쩌다 이 수업을 듣게 된 거야?

→

14 어쩌다 사내 연애를 하게 된 거야?

→

15 어쩌다 해외에서 살게 된 거야?

→

Unit 027
What made you ~?

어떻게 ~하게 된 거야?

"What made you ~?" 패턴은 "어떻게 ~하게 됐어?", "뭐 때문에 ~하게 된 거야?"라는 의미로, 상대방의 선택, 행동, 생각의 이유나 계기를 묻는 부드러운 질문이에요. 우리가 흔히 알고 있는 "Why did you ~?"와 비슷하지만, 그보다 좀 더 공손하고 덜 직설적인 뉘앙스를 줍니다. 이 패턴 뒤에는 [동사원형]이 바로 옵니다.

패턴 집중 훈련

1 왜 한국으로 이사 온 거야? move
→ What made you

2 어떻게 유튜브를 시작하게 된 거야? start
→ What made you

3 왜 선생님이 되고 싶었던 거야? want
→ What made you

4 왜 걔랑 사랑에 빠지게 된 거야? fall
→ What made you

5 뭐 때문에 직장을 그만둔 거야? quit
→ What made you

6 뭐 때문에 그녀와 헤어지게 된 거야? break up
→ What made you

7 뭐 때문에 카페를 차리게 된 거야?　　　　　　　　　　　　　　　　　　　open

   → What made you _____

8 뭐 때문에 직업을 바꾸게 된 거야?　　　　　　　　　　　　　　　　　change

   → What made you _____

9 방금 뭐 때문에 웃은 거야?　　　　　　　　　　　　　　　　　　　　smile

   → What made you _____

10 뭐 때문에 스스로를 의심하게 된 거야?　　　　　　　　　　　　　　doubt

   → What made you _____

실전활용 훈련

11 왜 그 말을 한 거야?

   → _____

12 왜 이 음식점을 고른 거야?

   → _____

13 뭐 때문에 그렇게 갑자기 가 버린 거야?

   → _____

14 왜 다시 온 거야?

   → _____

15 뭐 때문에 열심히 일한 거야?

   → _____

Unit 028

What got you into ~?

어떻게 ~에 빠지게 됐어?

"What got you into ~?" 패턴은 "어쩌다 ~를 시작하게 된 거야?", "어떻게 ~에 빠지게 됐어?"라는 뜻이에요. 'get into ~'는 '~에 빠지다, 관심을 갖다, 입문하다'라는 의미예요. 상대방이 열정을 가진 취미나 활동, 또는 지금 하고 있는 일을 어떻게 시작하게 됐는지 계기를 물을 때 딱 맞는 표현입니다. 이 패턴 뒤에는 [명사] 또는 [동명사(-ing)]가 옵니다.

패턴 집중 훈련

1 어떻게 요리에 빠지게 됐어?   cook

→ What got you into _____

2 어쩌다 화장에 빠지게 된 거야?   makeup

→ What got you into _____

3 어떻게 피부 관리에 빠지게 됐어?   skincare

→ What got you into _____

4 어쩌다 투자를 시작하게 된 거야?   invest

→ What got you into _____

5 어쩌다 운동에 관심을 갖게 된 거야?   fitness

→ What got you into _____

6 어쩌다 자기 계발서에 빠지게 된 거야?   self-help books

→ What got you into _____

7 어떻게 일기를 쓰기 시작하게 된 거야?   journal

→ What got you into _____

8 어떻게 유튜브를 시작하게 된 거야?   YouTube

→ What got you into _____

9 어쩌다 부동산에 입문하게 된 거야?   real estate

→ What got you into _____

10 어떻게 필라테스를 시작하게 됐어?   Pilates

→ What got you into _____

실전 활용 훈련

11 어떻게 피아노를 치기 시작했어?

→ _____

12 어떻게 뮤지컬에 빠지게 됐어?

→ _____

13 어쩌다 패션에 관심을 갖게 된 거야?

→ _____

14 어쩌다 K-pop에 빠지게 됐어?

→ _____

15 어떻게 영어를 배우기 시작했어?

→ _____

Unit 029

What's the story behind ~?

~에 어떤 사연이 있어?

"What's the story behind ~?" 패턴은 "~에 어떤 사연이 있어?" 또는 "~에 얽힌 이야기가 뭐야?"라는 의미예요. 이 패턴에서 story는 단순한 이야기라기보다, 어떤 대상에 얽힌 배경이나 사연을 의미해요. 어떤 물건, 행동, 상황의 배경이나 이유를 물어보고 싶을 때 쓰기 좋은 표현입니다. 이 패턴 뒤에는 [명사]가 바로 옵니다.

패턴 집중 훈련

1   네 별명은 어떻게 생긴 거야? *nickname*
 → What's the story behind

2   이 사진은 어떤 상황에서 찍은 거야? *photo*
 → What's the story behind

3   네 강아지 이름에는 어떤 의미가 있어? *name*
 → What's the story behind

4   손에 있는 상처는 어떻게 생긴 거야? *scar*
 → What's the story behind

5   어젯밤에 올린 글은 무슨 일이 있었던 거야? *post*
 → What's the story behind

6   네 사업은 어떻게 시작하게 된 거야? *business*
 → What's the story behind

7 갑자기 이사를 간 이유가 뭐야?   move

→ What's the story behind

8 왜 헤어졌는지 말해 줄 수 있어?   breakup

→ What's the story behind

9 네 문신은 어떤 의미가 있는 거야?   tattoo

→ What's the story behind

10 네가 항상 차고 다니는 목걸이는 어떤 의미야?   necklace

→ What's the story behind

실전활용 훈련

11 이 그림은 어떻게 그리게 된 거야?

→

12 네 가장 최신 곡은 어떻게 나오게 된 거야?

→

13 네 유튜브 채널 이름은 어떻게 만들어진 거야?

→

14 프로필 사진은 어떻게 찍게 된 거야?

→

15 이 결정은 어떻게 내리게 된 거야?

→

Unit 030
Can I ask what ~ ?

~이 뭔지 물어봐도 될까?

"Can I ask what ~?" 패턴은 "~ 좀 여쭤봐도 될까요?" 또는 "~이 뭔지 물어봐도 돼?"라는 의미로, 조심스럽고 예의 있게 질문할 때 씁니다. 상대방을 배려하면서 개인적이거나 민감한 질문을 할 때 특히 유용합니다. 이 패턴 뒤에는 [주어+동사], [동사], [명사+주어+동사] 세 가지 형태가 올 수 있습니다.

패턴 집중 훈련

1 이게 뭔지 물어봐도 돼?   *this*

→ Can I ask what _____

2 너 무슨 일 하는지 물어봐도 돼?   *do for a living*

→ Can I ask what _____

3 대학 전공이 뭐였는지 물어봐도 돼?   *major, college*

→ Can I ask what _____

4 어릴 때 꿈이 뭐였는지 물어봐도 돼?   *dream, kid*

→ Can I ask what _____

5 지금 무슨 생각하고 있는지 물어봐도 돼?   *think*

→ Can I ask what _____

6 가장 소중한 추억이 뭔지 물어봐도 돼?   *memory*

→ Can I ask what _____

7 네 반지에 무슨 의미가 있는지 물어봐도 돼? *mean*

→ Can I ask what _____

8 너희 둘 사이에 무슨 일이 있었는지 물어봐도 돼? *happen, you two*

→ Can I ask what _____

9 왜 해외로 이사 가게 되었는지 물어봐도 돼? *make, move abroad*

→ Can I ask what _____

10 보통 어떤 음식을 먹는지 물어봐도 돼? *food, usually*

→ Can I ask what _____

실전활용훈련

11 저 소리가 뭐였는지 물어봐도 돼?

→ _____

12 왜 마음이 바뀌었는지 여쭤봐도 돼요?

→ _____

13 어떤 색을 좋아하는지 물어봐도 돼?

→ _____

14 어제 뭐 했는지 물어봐도 돼?

→ _____

15 아까 뭐 때문에 울었는지 물어봐도 될까?

→ _____

Part 4

상대와 친해지기 위해 공감/반응할 때 쓰기 좋은 패턴

Unit 031

That must be ~

그거 정말 ~하겠다

"That must be ~" 패턴은 "그거 정말 ~하겠다" 또는 "그건 ~한 게 틀림없어"라는 의미로, 상대의 말이나 상황에 대해 공감하거나 짐작할 때 자주 써요. 들은 이야기에 대해 "아, 그래서 네가 그렇게 느꼈구나." 하고 맞장구치듯 말할 때 자연스럽게 쓸 수 있는 표현입니다. 패턴 뒤에는 보통 [형용사]나 [명사]가 바로 옵니다.

패턴 집중 훈련

1. 너한테 진짜 신나는 일이겠다.   exciting
   → That must be

2. 모두 정말 짜증나겠다.   frustrating
   → That must be

3. 그거 좀 어색하겠다.   awkward
   → That must be

4. 이제 좀 안심되겠다.   relief
   → That must be

5. 걔들에게는 큰 변화였겠다.   change
   → That must be

6. 너한테는 힘든 일이겠다.   tough
   → That must be

7 그거 정말 하기 힘들겠다.　　　　　　　　　　　　　　　　　　　hard

→ That must be _____

8 네 아이에게는 자랑스러운 순간이겠다.　　　　　　　　　　　　moment

→ That must be _____

9 좋은 추억이겠네.　　　　　　　　　　　　　　　　　　　　　　memory

→ That must be _____

10 그건 정말 큰 딜레마겠다.　　　　　　　　　　　　　　　　　　dilemma

→ That must be _____

실전활용 훈련

11 그거 지치겠다.

→ _____

12 그거 맛있겠다.

→ _____

13 스트레스 엄청 받겠다.

→ _____

14 너한테는 엄청난 도전이겠다.

→ _____

15 엄마로서 엄청 벅차겠다.

→ _____

Unit 032
You seem ~
너 ~해 보인다

"You seem ~" 패턴은 "~해 보이네" 또는 "~한 것 같아"라는 의미로, 상대방의 상태나 감정을 추측하거나 걱정하며 말할 때 많이 사용합니다. seem은 '~인 것 같다', '~하게 보이다'라는 의미로, 확실하지 않은 추측을 할 때 쓰는 단어입니다. 이 패턴의 목적은 걱정이나 위로를 하기 위해서일 때가 많아요. 보통 패턴 뒤에 [형용사]가 오는데, 그 대신 [like+명사] 또는 [like+주어+동사]로 다양하게 만들 수도 있습니다.

패턴 집중 훈련

1 너 오늘 피곤해 보인다.   tired

→ You seem

2 너 요즘 좀 우울해 보인다.   down

→ You seem

3 너 최근에 정신이 딴 데 가 있는 것 같아.   distracted

→ You seem

4 너 이거에 진짜 진심이구나.   passionate

→ You seem

5 너 이 소식을 듣고 놀란 것 같네.   surprised

→ You seem

6 너 뭔가 속상한 게 있는 것 같아.   upset

→ You seem

7 너 오늘 평소랑 좀 다른 듯하네.   off

→ You seem _____

8 너 친절한 사람 같아.   person

→ You seem _____

9 너 휴식이 필요해 보여.   break

→ You seem _____

10 넌 내가 믿을 수 있는 사람 같아.   someone, trust

→ You seem _____

실전활용 훈련

11 너 스트레스 받은 것 같아.

→ _____

12 요즘 더 자신감이 있어 보이네.

→ _____

13 이제 한결 편안해 보이네.

→ _____

14 뭔가 기쁜 일이 있나 보네.

→ _____

15 너 고생을 많이 한 것 같네.

→ _____

Unit 033
I can imagine ~
얼마나 ~일지 알 것 같아

"I can imagine ~" 패턴은 직역하면 "~이 충분히 상상이 돼"라는 의미인데, 실제 회화에서는 "그럴 수 있겠다", "그 기분 알 것 같아"라는 공감의 표현으로 쓰입니다. 그냥 "I can imagine." 이렇게만 말해도 "와, 진짜 그렇겠다."라는 공감으로 충분합니다. 상대방의 말을 들었을 때 가볍게 위로하거나 마음을 같이할 때 활용하기 좋아요. 뒤에는 [명사], [동명사(-ing)], [주어+동사], [의문사+주어+동사]가 올 수 있습니다.

패턴 집중 훈련

1 얼마나 부담일지 상상이 간다.   pressure
→ I can imagine

2 그녀의 반응이 눈에 선하다.   reaction
→ I can imagine

3 해외에 사는 게 어떤 느낌일지 알 것 같아.   live
→ I can imagine

4 매일 밤늦게 일하는 게 어떨지 알 것 같아.   work
→ I can imagine

5 그게 너한텐 정말 힘들었을 것 같아.   hard, you
→ I can imagine

6 너 정말 속상했을 것 같아.   upset
→ I can imagine

7 아이 키우는 게 얼마나 힘든지 알 것 같아.   raise, tough

→ I can imagine

8 얼마나 힘들었을지 상상이 가.   hard

→ I can imagine

9 네가 왜 그랬는지 이해가 가.   do

→ I can imagine

10 네가 겪고 있는 일이 뭔지 알 것 같아.   go through

→ I can imagine

실전활용 훈련

11 그게 쉬운 일은 아니었겠지.

→

12 집이 정말 많이 그리울 것 같아.

→

13 네가 왜 그렇게 말했는지 이해가 가.

→

14 네가 얼마나 뿌듯할지 알 것 같아.

→

15 그게 얼마나 스트레스일지 알 것 같아.

→

Unit 034
It's giving ~
완전 ~ 느낌이야

"It's giving ~" 패턴은 요즘 미국에서 특히 많이 쓰이는 유행어 같은 표현이에요. "완전 ~ 느낌이야", "~ 분위기야", "~ 같다"라는 뜻으로, 패션, 분위기, 스타일 등을 묘사할 때 자주 쓰여요. 아주 캐주얼한 표현이니 공식적인 자리보다는 편한 대화나 SNS에서 사용하는 게 좋아요. 뒤에는 [명사] 또는 [형용사]가 올 수 있습니다.

패턴 집중 훈련

1 부자 이모 느낌이야.   vibe
   → It's giving

2 완전 올드 머니 룩(상류층 패션) 느낌인데.   look
   → It's giving

3 완전 핀터레스트 감성이다.   aesthetic
   → It's giving

4 아이돌 공항 패션 같아.   fashion
   → It's giving

5 주인공 포스 가득이야.   energy
   → It's giving

6 90년대 향수가 제대로 느껴져.   nostalgia
   → It's giving

7 완전 센 언니 느낌이야.   vibe

→ It's giving _____

8 느낌이 좀 쎄한데.   red flag

→ It's giving _____

9 대표님 포스야.   energy

→ It's giving _____

10 베프(가장 친한 친구)로 두기 딱 좋은 사람이네.   material

→ It's giving _____

실전활용 훈련

11 완전 휴가 모드야.

→ _____

12 완전 집에서 힐링 중인 느낌이야.

→ _____

13 포근한 가을밤 느낌이야.

→ _____

14 첫 데이트 옷 감성인데.

→ _____

15 완전 축제 느낌이야.

→ _____

Unit 035

I've been meaning to ask ~

~를 물어보려고 했어

"I've been meaning to ask ~" 패턴은 "사실 ~를 물어보려고 했어"라는 의미로, 그냥 질문하는 것보다 훨씬 자연스럽고 부드럽게 대화를 시작할 수 있는 패턴입니다. 이 패턴은 현재완료진행형을 써서 "계속 마음에 두고 있었다"라는 뉘앙스를 줍니다. 상대에게 질문을 꺼낼 때 분위기를 가볍게 풀어 주는 역할을 해요. 뒤에는 [의문사+주어+동사] 또는 [if/whether+주어+동사] 등이 올 수 있습니다.

패턴 집중 훈련

1 너 여행이 어땠는지 물어보려고 했어. go
   → I've been meaning to ask _____

2 어떻게 지냈는지 궁금했어. be
   → I've been meaning to ask _____

3 네 생일이 언제인지 물어보려던 참이었어. be
   → I've been meaning to ask _____

4 너희 부모님은 잘 지내시는지 물어보려던 참이었어. do
   → I've been meaning to ask _____

5 어떤 음악을 좋아하는지 궁금했어. kind, like
   → I've been meaning to ask _____

6 너 괜찮은지 물어보려고 했어. be okay
   → I've been meaning to ask _____

7 너 이번 주말에 시간 되는지 물어보려고 했어.   *be free*

→ I've been meaning to ask _____

8 너 아직 거기서 일하는지 궁금했어.   *work, place*

→ I've been meaning to ask _____

9 언제 한번 같이 점심 먹자고 물어보려던 참이었어.   *want, grab, sometime*

→ I've been meaning to ask _____

10 새로 나온 에피소드 봤는지 물어보려고 했어.   *watch*

→ I've been meaning to ask _____

실전활용 훈련

11 너 누구랑 있었는지 물어보려고 했어.

→ _____

12 네 재킷 어디서 샀는지 물어보려던 참이었어.

→ _____

13 주말 계획이 있는지 물어보려던 참이었어.

→ _____

14 그거 도움이 필요한지 물어보려던 참이었어.

→ _____

15 이걸 어떻게 한 건지 물어보려고 했어.

→ _____

Unit 036

I couldn't help but ~

어쩔 수 없이 ~했어

"I couldn't help but ~" 패턴은 "나는 ~하지 않을 수 없었어"라는 뜻이에요. 자연스럽게는 "나도 모르게 ~하게 됐어", "어쩔 수 없이 ~했어"라는 뉘앙스로 쓰입니다. 감정이나 행동이 저절로 나왔을 때 딱 맞는 표현이라, 상대방의 말이나 상황에 공감하며 반응할 때 자주 쓰입니다. 이 패턴 뒤에는 무조건 [동사원형]이 옵니다.

패턴 집중 훈련

1 문득 네 생각이 났어.   think of
   → I couldn't help but _____

2 네가 자랑스럽게 느껴질 수밖에 없더라.   be proud of
   → I couldn't help but _____

3 네가 그 말을 했을 때 나도 모르게 웃었어.   smile, say
   → I couldn't help but _____

4 나도 너랑 같은 기분일 수밖에 없었어.   feel, way
   → I couldn't help but _____

5 너랑 같이 웃을 수밖에 없었어.   laugh
   → I couldn't help but _____

6 네 말에 완전 공감이 됐어.   agree
   → I couldn't help but _____

7 너의 솔직함에 감탄할 수밖에 없어. admire, honesty

→ I couldn't help but _____

8 네가 피곤해 보이는 게 바로 눈에 띄더라. notice, look

→ I couldn't help but _____

9 네 작품에 감명을 받을 수밖에 없었어. be impressed by, work

→ I couldn't help but _____

10 네가 괜찮은지 계속 궁금할 수밖에 없었어. wonder, be okay

→ I couldn't help but _____

실전활용 훈련

11 신경을 안 쓸 수가 없었어.

→ _____

12 왠지 널 믿게 되더라.

→ _____

13 너랑 이 얘기를 꼭 나눠야 했어.

→ _____

14 네 사업 걱정을 할 수밖에 없더라.

→ _____

15 네가 머리를 새로 자른 걸 놓칠 수가 없었어.

→ _____

Unit 037

I just wanted to say ~

꼭 ~라고 말해 주고 싶었어

"I just wanted to say ~" 패턴은 "꼭 ~라고 말해 주고 싶었어"라는 의미로, 상대에게 하고 싶은 말을 조심스럽게 할 때 유용한 표현이에요. 감사, 사과, 칭찬, 위로, 격려 같은 따뜻한 메시지를 전할 때 자주 씁니다. 보통 뒤에는 [주어+동사]가 오는데, 주어가 생략되는 경우도 있습니다. 그럴 때는 꼭 [동사원형]을 써 주세요.

패턴집중훈련

1 도와줘서 고맙다는 말을 꼭 하고 싶었어.   *thank*

→ I just wanted to say _____

2 네가 정말 자랑스럽다는 말을 꼭 해 주고 싶었어.   *be proud of*

→ I just wanted to say _____

3 내가 너의 기분을 상하게 했다면 미안하다고 말하고 싶었어.   *sorry, hurt*

→ I just wanted to say _____

4 난 항상 네 편이라는 말을 꼭 하고 싶었어.   *be here*

→ I just wanted to say _____

5 면접 잘 보고 오라고 말하고 싶었어.   *good luck*

→ I just wanted to say _____

6 너 정말 잘하고 있다는 말을 꼭 해 주고 싶었어.   *do, amazing*

→ I just wanted to say _____

7 오늘 정말 즐거웠다고 말하고 싶었어. have, great time

→ I just wanted to say

8 너 오늘 정말 멋져 보였다고 꼭 말해 주고 싶었어. look great

→ I just wanted to say

9 승진 축하한다고 꼭 말하고 싶었어. congratulations

→ I just wanted to say

10 넌 내게 정말 소중하다는 말을 꼭 하고 싶었어. mean a lot

→ I just wanted to say

실전활용 훈련

11 오늘 좋은 하루 보내라고 말해 주고 싶었어.

→

12 넌 나에게 영감을 준다는 말을 하고 싶었어.

→

13 난 널 아낀다고 말하고 싶었어.

→

14 시간 내 줘서 고맙다는 말을 꼭 하고 싶었어.

→

15 네 말이 정말 큰 힘이 됐다는 말을 하고 싶었어.

→

Unit 038

Is it just me, or ~?
~하지 않아?

"Is it just me, or ~?" 패턴은 "나만 ~한 거야?", "나만 ~라고 느껴?"라는 의미로, 상대와 공감대를 형성하거나 반응을 유도할 때 딱이에요. 가볍게는 "~하지 않아?"라는 말투로 기억해도 좋습니다. 패턴 뒤에는 [의문문] 형태로 작문해 주세요.

패턴 집중 훈련

1 주말에는 유독 시간이 빨리 가지 않아? *fly, weekends*
→ Is it just me, or

2 이 커피 오늘따라 유난히 진한 것 같지 않아? *be extra strong*
→ Is it just me, or

3 요즘 다들 결혼하는 것 같지 않아? *get married*
→ Is it just me, or

4 피자 위에 올린 파인애플이 생각보다 맛있지 않아? *actually, taste*
→ Is it just me, or

5 손 편지가 더 특별하게 느껴지지 않아? *handwritten, extra*
→ Is it just me, or

6 남이 해 준 음식이 훨씬 맛있지 않아? *way better, someone else*
→ Is it just me, or

7 월요일은 유독 길게 느껴지지 않아?   Mondays, super

→ Is it just me, or _____

8 넷플릭스는 너무 중독성 있지 않아?   way too addictive

→ Is it just me, or _____

9 90년대 노래가 아직도 최고인 것 같지 않아?   90s songs, still

→ Is it just me, or _____

10 틱톡 보면 시간이 금방 가지 않아?   scrolling, disappear

→ Is it just me, or _____

실전 활용 훈련

11 요즘 날씨 좀 이상하지 않아?

→ _____

12 우리 한국인들에게는 김밥이 소울푸드 아닌가?

→ _____

13 문자하는 게 전화하는 것보다 낫지 않아?

→ _____

14 스몰토크 하는 거 너무 피곤하지 않아?

→ _____

15 어른이 되니까 친구를 사귀는 게 더 어렵지 않아?

→ _____

Unit 039

What's going on with ~?
~에 무슨 일이야?

'go on'은 '일어나다', '벌어지다'라는 뜻으로, "What's going on?"은 "무슨 일이야?"라는 표현으로 많이 씁니다. 특정 대상에 대해 말할 때는 with를 붙여서 "What's going on with ~?"라고 하는데, "~에 무슨 일이야?", "~에 어떻게 된 거야?"라는 의미입니다. 상대방에게 자연스럽게 관심을 표현하고 대화를 여는 데 유용한 표현입니다. 이 패턴 뒤에는 [명사]가 와요.

패턴 집중 훈련

1 요즘 너 무슨 일 있어? you
→ What's going on with

2 네 폰 왜 그래? phone
→ What's going on with

3 너희 가족에게 무슨 일 있어? family
→ What's going on with

4 오늘 너 기분이 왜 그래? mood
→ What's going on with

5 요즘 네 피부 무슨 일이야? skin
→ What's going on with

6 그녀랑 남자 친구 사이에 무슨 일 있어? her
→ What's going on with

7 너 수면 패턴이 왜 이렇게 됐어?　　　　　　　　　　　　　sleep schedule

→ What's going on with _____

8 너 식습관이 왜 이렇게 됐어?　　　　　　　　　　　　　　eating habits

→ What's going on with _____

9 너 그때 만나던 그 여자랑은 어떻게 됐어?　　　　　　　　　　　girl

→ What's going on with _____

10 이사 계획은 어떻게 된 거야?　　　　　　　　　　　　　moving situation

→ What's going on with _____

실전활용 훈련

11 네 직장에 무슨 문제 있어?

→ _____

12 네 차 왜 이래?

→ _____

13 연애는 어떻게 되고 있어?

→ _____

14 블랙핑크는 요즘 소식 없어?

→ _____

15 네 인스타그램 왜 이래?

→ _____

That sounds like ~

그거 ~처럼 들리네

"That sounds like ~" 패턴은 "그거 ~처럼 들리네"라는 뜻이지만, 실제로는 "~했겠다", "~하겠다"라는 공감 표현으로 자주 쓰입니다. 기분 좋은 상황에도, 안 좋은 상황에도 모두 활용할 수 있어요. 이 패턴 뒤에는 [명사] 또는 [형용사], [부사]가 옵니다.

패턴 집중 훈련

1 그거 진짜 재밌겠다.   much
   → That sounds like

2 좋은 계획 같은데.   plan
   → That sounds like

3 이상적인 주말이 되겠는걸.   ideal
   → That sounds like

4 내가 좋아할 만한 것 같네.   something
   → That sounds like

5 꿈을 이룬 것 같겠다.   dream
   → That sounds like

6 멋진 경험이었겠다.   experience
   → That sounds like

7 감당하기 힘들었겠는걸.   a lot

   → That sounds like

8 스트레스 받을 만하겠다.   situation

   → That sounds like

9 어려운 결정이었겠다.   decision

   → That sounds like

10 생각해 볼 만한 일이네.   worth

   → That sounds like

실전활용훈련

11 진짜 맛있는 식사였겠다.

   →

12 좋은 데이트였겠다.

   →

13 친구들이랑 완전 재밌었겠다.

   →

14 절대 못 잊을 일일 것 같아.

   →

15 좀 복잡한 상황이겠구나.

   →

자연스럽게 제안하고 동의/허락을 구하는 패턴

Unit 041
It would be great if ~
만약 ~하면 좋겠다

"It would be great if ~" 패턴은 "만약 ~하면 좋겠다"라는 뜻으로, 내 희망이나 바람을 정중하게 전할 때 쓰는 표현이에요. 공손하면서도 따뜻한 뉘앙스를 주기 때문에 일상 대화뿐 아니라 직장에서도 무난하게 활용할 수 있습니다. 이 패턴 뒤에는 [주어+과거형 동사] 구조가 오기도 하지만, 제안/바람을 나타낼 때는 보통 [주어+could+동사원형]을 사용합니다.

패턴집중훈련

1 우리가 다시 만날 수 있으면 좋겠다.   meet
→ It would be great if

2 네가 올 수 있으면 좋겠다.   make
→ It would be great if

3 네가 나 좀 도와줄 수 있으면 좋겠어.   help
→ It would be great if

4 이따 나한테 전화해 줄 수 있으면 좋지.   call
→ It would be great if

5 내가 친구 한 명을 데려갈 수 있으면 좋겠다.   bring
→ It would be great if

6 나 오늘은 집에 일찍 갈 수 있으면 좋겠다.   go
→ It would be great if

7 네가 우리와 함께 갈 수 있으면 좋겠어.   join

→ It would be great if _____

8 그것 좀 다시 설명해 줄 수 있으면 좋겠어.   explain

→ It would be great if _____

9 저에게 그 이메일을 보내 주시면 좋겠어요.   send

→ It would be great if _____

10 저녁으로 피자를 먹으면 참 좋겠다.   have

→ It would be great if _____

실전활용 훈련

11 우리 같이 점심 먹을 수 있으면 좋겠다.

→ _____

12 네가 시간을 맞춰 오면 좋겠어.

→ _____

13 네가 아침마다 침대를 정리해 주면 좋겠어.

→ _____

14 네가 가는 길에 날 태워 갈 수 있으면 좋지.

→ _____

15 우리 여름휴가를 같이 계획하면 좋겠다.

→ _____

How about ~?

~은 어때?

"How about ~?" 패턴은 가볍게 제안하거나 상대의 의사를 물을 때 쓰는 표현입니다. "~은 어때?" 정도로 기억하면 됩니다. 이 패턴 뒤에는 [명사]나 [동명사(-ing)]를 붙여서 말할 수 있고, 상황에 따라 [주어+동사]도 활용됩니다. 특히, 이 패턴 뒤에 [we+동사원형]을 붙이면 "우리 같이 ~하자"라는 제안이 됩니다.

1 이따가 커피 마시러 갈까?   grab, later
   → How about

2 좀 쉬는 게 어때?   take
   → How about

3 오후 3시쯤 만나는 건 어때?   around
   → How about

4 오늘 밤에는 영화나 볼까?   watch
   → How about

5 배달 음식을 시켜 먹는 게 어때?   order in
   → How about

6 우리 집에서 저녁을 요리해 먹는 건 어때?   cook
   → How about

7 내가 먼저 해 보면 어때?   go

→ How about _____

8 점심 먹으면서 얘기하는 게 어때?   talk

→ How about _____

9 우리 그냥 지금 이 순간을 즐기는 건 어때?   enjoy

→ How about _____

10 우리 화제를 바꾸는 게 어때?   subject

→ How about _____

실전 활용 훈련

11 우리 같이 가는 건 어때?

→ _____

12 내가 나중에 전화하는 게 어때?

→ _____

13 캠핑 여행 가는 거 어때?

→ _____

14 오늘 밤에 우리 집에서 영화 보는 건 어때?

→ _____

15 우리 둘이 저녁 같이 먹는 거 어때?

→ _____

Unit 043

Are you up for ~?
~할래?

"Are you up for ~?" 패턴은 "~할래?"라는 의미로, 누군가에게 가볍게 제안하거나 의향을 물을 때 쓰는 캐주얼한 표현이에요. 친한 사이에서 쓰면 자연스럽습니다. 'be up for ~'는 '~할 의향이 있다'라는 뜻이므로, 대답할 때는 "I'm up for it.(할래.)", "I'm not up for it.(별로야.)"이라고 말할 수 있습니다. 이 패턴 뒤에는 [명사] 또는 [동명사(-ing)]가 옵니다.

1. 이번 주말에 나가서 놀래?   go out
   → Are you up for

2. 저녁 먹고 밤 산책 갈래?   night walk
   → Are you up for

3. 이따 같이 헬스장에 갈래?   session
   → Are you up for

4. 카페에서 같이 공부할래?   study
   → Are you up for

5. 이번 주말에 봉사활동하러 갈 생각 있어?   volunteer
   → Are you up for

6. 영화 정주행할래?   marathon
   → Are you up for

7 즉흥으로 여행 떠날래?　　　　　　　　　　　　　　　　　　spontaneous

　→ Are you up for

8 SNS 좀 쉬어 볼래?　　　　　　　　　　　　　　　　　　　　take

　→ Are you up for

9 이번 주에 디지털 디톡스 해 볼래?　　　　　　　　　　　　　detox

　→ Are you up for

10 우리 같이 살아 볼래?　　　　　　　　　　　　　　　　　　move in

　→ Are you up for

실전 활용 훈련

11 퇴근 후에 저녁 같이 먹을래?

　→

12 우리 부모님 만나 볼래?

　→

13 우리 독서 모임에 참여할래?

　→

14 나랑 아이디어를 같이 짜 볼래?

　→

15 저녁 같이 요리할래?

　→

Do you feel like ~?

지금 ~하고 싶은 기분이야?

"Do you feel like ~?" 이 패턴은 "지금 ~하고 싶은 기분이야?"라는 의미로, 상대방의 기분이나 의사를 가볍게 물어볼 때 쓰는 표현입니다. 엄청나게 원한다기보다는 뭔가 하고 싶은 마음이 드는지 물어보는 표현입니다. 이 패턴 뒤에는 [명사]나 [동명사(-ing)]를 붙여서 완성할 수 있습니다.

패턴집중훈련

1 새로운 거 한번 먹어 보고 싶어?   try
  → Do you feel like

2 오늘 밤에 피자 시켜 먹을래?   order
  → Do you feel like

3 속마음을 좀 털어놓고 싶은 기분이야?   vent
  → Do you feel like

4 오늘은 혼자 있고 싶은 기분이야?   be alone
  → Do you feel like

5 만나서 놀까?   hang out
  → Do you feel like

6 그거에 대해 얘기하고 싶은 기분이야?   talk
  → Do you feel like

7 지금 이거 하고 싶은 마음 있어?   work on

→ Do you feel like

8 오늘 밤에 축하하고 싶은 기분이야?   celebrate

→ Do you feel like

9 파티에 차려입고 가고 싶어?   dress up

→ Do you feel like

10 숙제 먼저 끝내 놓고 싶어?   finish

→ Do you feel like

실전 활용 훈련

11 우리 점심 먹는데 같이 먹을래?

→

12 사과하고 싶은 마음이 있어?

→

13 시험공부를 하고 싶은 기분이야?

→

14 해변에 가고 싶은 기분이야?

→

15 이따 저녁 식사하러 갈래?

→

Unit 045

I was thinking we could ~

우리 ~할까 생각 중이었어

"I was thinking we ~" 패턴은 "우리 ~할까 생각 중이었어", "우리 ~하는 거 어때?"라는 뜻으로, 상대에게 뭔가를 해 보자고 자연스럽고 가볍게 권할 때 많이 쓰는 표현이에요. 편하게 제안하는 패턴이라 친한 사이에서 흔하게 사용됩니다. 이 패턴 뒤에는 [동사원형]을 붙여 주세요.

패턴 집중 훈련

1. 우리 다음 주에 하루 쉴까 생각 중이었어. *take off*
   → I was thinking we could _____

2. 우리 커플 후드 티셔츠를 맞추는 거 어때? *get, hoodies*
   → I was thinking we could _____

3. 걔들 우리 집으로 초대하는 게 어때? *invite*
   → I was thinking we could _____

4. 오늘은 우리 집에서 그냥 쉬는 게 어때? *chill*
   → I was thinking we could _____

5. 우리 더치페이 하는 게 어때? *split*
   → I was thinking we could _____

6. 새해를 맞이해서 같이 계획을 세워 볼까 생각 중이었어. *set goals for*
   → I was thinking we could _____

7 이걸 매주 하는 걸로 정해 보는 건 어때? *make, weekly*

→ I was thinking we could _____

8 벽을 회색으로 칠하는 건 어때? *paint*

→ I was thinking we could _____

9 바람 좀 쐬러 가는 거 어때? *get fresh air*

→ I was thinking we could _____

10 내일은 더 일찍 시작할까 생각 중이었어. *start*

→ I was thinking we could _____

실전활용 훈련

11 이것에 대해 교수님께 얘기해 볼까?

→ _____

12 산책이나 갈까 했어.

→ _____

13 엄마 선물을 같이 사러 갈까 생각 중이었어.

→ _____

14 우리 매일 운동하는 거 어때?

→ _____

15 이따 커피 한잔하는 거 어때?

→ _____

Unit 046

Am I allowed to ~?

제가 ~해도 되는 건가요?

"Am I allowed to ~?" 패턴은 딱딱하게는 허가를 요청하거나 규칙을 확인할 때 "~해도 되는 건가요?"라는 의미로 쓰이고, 편하게는 허락을 구하거나 동의를 구할 때에도 자주 쓸 수 있어요. 이때에는 "내가 ~해도 돼?", "내가 ~해도 괜찮은 거야?"라는 의미를 갖습니다. 이 패턴 뒤에는 [동사원형]을 붙여 주세요.

패턴 집중 훈련

1 친구 데려와도 되는 거야?   bring
   → Am I allowed to

2 이거 녹음해도 되나요?   record
   → Am I allowed to

3 이 안에서 음식 먹어도 되나요?   eat
   → Am I allowed to

4 언제든지 취소할 수 있는 건가요?   cancel
   → Am I allowed to

5 개인적인 질문을 해도 돼?   ask
   → Am I allowed to

6 여기에 짐을 둬도 괜찮나요?   leave, stuff
   → Am I allowed to

7 네 충전기 써도 돼?   charger

→ Am I allowed to _____

8 결과를 확인해 봐도 돼?   see

→ Am I allowed to _____

9 이유를 물어봐도 돼?   why

→ Am I allowed to _____

10 이거 인스타그램에 올려도 돼?   post on

→ Am I allowed to _____

실전 활용 훈련

11 입어 봐도 되나요?

→ _____

12 음식을 좀 가져와도 되나요?

→ _____

13 주문을 바꿔도 되나요?

→ _____

14 재택근무를 해도 되나요?

→ _____

15 강아지를 데려와도 돼?

→ _____

Unit 047

Is it okay to ~?

~해도 괜찮을까요?

"Is it okay to ~?"라는 패턴은 어떤 걸 해도 되는지 확인하거나 허락 받고 싶을 때 사용할 수 있어요. "~해도 되나요?"라는 의미를 지녔다는 점에서 "Can I ~?"와 비슷하다고도 볼 수 있는데, 더 나아가서 어떤 걸 해도 괜찮은 건지, 안전한 건지, 합법인 건지 더 구체적인 확인과 허락을 받고 싶을 때 이 패턴을 사용하면 됩니다.

패턴집중 훈련

1   여기 앉아도 괜찮을까요?   sit

   → Is it okay to _____

2   이거 먹어도 괜찮은 건가요?   eat

   → Is it okay to _____

3   여기에 주차해도 괜찮은 건가요?   park

   → Is it okay to _____

4   친구 한 명을 데려와도 괜찮을까요?   bring

   → Is it okay to _____

5   지금 가도(떠나도) 괜찮은 건가요?   leave

   → Is it okay to _____

6   당신의 노트북을 사용해도 될까요?   use

   → Is it okay to _____

7 외부 음식을 반입해도 괜찮은 건가요?　　　　　　　　　　　　　　　　bring in

　→ Is it okay to _____

8 사진을 찍어도 괜찮은 건가요?　　　　　　　　　　　　　　　　　　　take

　→ Is it okay to _____

9 이거 만져 봐도 괜찮은 건가요?　　　　　　　　　　　　　　　　　　touch

　→ Is it okay to _____

10 밤에 돌아다녀도 괜찮을까요?　　　　　　　　　　　　　　　　walk around

　→ Is it okay to _____

실전 활용 훈련

11 창문을 열어도 괜찮을까요?

　→ _____

12 지금 이메일을 보내도 괜찮을까요?

　→ _____

13 잠깐 쉬어도 될까요?

　→ _____

14 문을 안 잠근 채로 둬도 괜찮은 건가요?

　→ _____

15 신용 카드로 결제해도 될까요?

　→ _____

Unit 048
Let's go with ~
우리 ~로 하자

"Let's go with ~" 패턴은 "우리 ~로 하자"라고 자연스럽게 선택이나 결정을 제안할 때 아주 유용합니다. 여기서 'go with ~'는 계획이나 제안을 '받아들이다'라는 의미예요. 즉, 그 결정을 받아들이자는 제안의 의미에서 이 표현을 쓰는 것이죠. 이 패턴 뒤에는 [명사] 또는 [what절]을 붙여 주세요.

패턴집중훈련

1 매운 걸로 하자. one
   → Let's go with

2 오늘은 셰프의 추천 메뉴로 하자. special
   → Let's go with

3 오늘은 포장해서 먹자. takeout
   → Let's go with

4 이번엔 좀 과감한 걸로 해 보자. bold
   → Let's go with

5 모던한 느낌으로 가자. look
   → Let's go with

6 아늑한 분위기로 가자. vibe
   → Let's go with

7 그냥 되는 대로 하자. flow

→ Let's go with _____

8 느낌 가는 대로 하자. what, right

→ Let's go with _____

9 호텔 대신 에어비앤비로 하자. Airbnb, instead of

→ Let's go with _____

10 네 직감을 믿어 보자. gut feeling

→ Let's go with _____

실전 활용 훈련

11 더 저렴한 호텔로 하자.

→ _____

12 힐링되는 걸로 가자.

→ _____

13 우리가 행복해지는 쪽으로 하자.

→ _____

14 이른 비행기로 하자.

→ _____

15 더 단순한 디자인으로 하자.

→ _____

Why don't we ~?

우리 ~하는 게 어때?

"Why don't we ~?" 패턴은 직역하면 "우리 왜 ~하지 않아?"라고 생각할 수 있지만, 실제로 사용할 때는 "우리 ~하는 게 어때?", "우리 ~하자"라고 부드럽게 제안을 하는 의미입니다. 상대방에게 같이 뭔가를 해 보자고 할 때 써요. 이 뒤에는 바로 [동사원형]을 붙여 주세요.

패턴 집중 훈련

1 길 아래 새로 생긴 카페에 가 볼래? try, down
   → Why don't we

2 오늘 저녁은 집에서 뭔가 해 먹는 게 어때? cook
   → Why don't we

3 번갈아 가면서 설거지하는 게 어때? take turns, do dishes
   → Why don't we

4 적어 두는 건 어때? write down
   → Why don't we

5 그거 인터넷에 한번 찾아볼까? look up
   → Why don't we

6 하룻밤 자고 내일 결정할까? sleep on, decide
   → Why don't we

7 대화로 해결해 볼까?   talk out

→ Why don't we

8 걔를 위한 작은 파티를 열어 줘 볼까?   throw

→ Why don't we

9 영어 수업을 등록해 볼까?   sign up

→ Why don't we

10 오늘은 여기까지 할까?   call

→ Why don't we

실전 활용 훈련

11 같이 청소할까?

→

12 다음 주에 또 만날까?

→

13 이번 주말에 빨래할까?

→

14 지금 바로 표를 예매할까?

→

15 이번 주 금요일 밤에 만날까(뭉칠까)?

→

I was wondering if ~

혹시 ~인가 해서

"I was wondering if ~"에서 wonder은 '궁금하다'라는 뜻으로, 이 패턴을 직역하면 "혹시 ~인지 궁금해하고 있었어"가 되지만, 자연스럽게는 "혹시 ~인가 해서", "~인지 궁금해서"라고 해석할 수 있어요. 이 패턴은 상대방이 yes or no로 대답할 수 있는 질문에 사용할 수 있고, 사실 여부를 물을 때, 도움을 요청할 때 등 다양한 상황에서 사용할 수 있어요. 이 패턴 뒤에는 [과거시제/현재완료시제]가 옵니다.

패턴집중 훈련

1 혹시 너 바쁜가 해서.   busy
   → I was wondering if _____

2 혹시 펜이 있나 해서.   have
   → I was wondering if _____

3 혹시 한국 음식 좋아하시나 해서요.   like
   → I was wondering if _____

4 혹시 저 좀 도와주실 수 있나 해서요.   help
   → I was wondering if _____

5 혹시 내일 시간이 되시나 해서요.   be free
   → I was wondering if _____

6 혹시 내가 네 차 좀 빌려도 될지 해서.   borrow
   → I was wondering if _____

7 혹시 얘기할 시간이 있나 해서.　　　　　　　　　　　　　　　　have time

　→ I was wondering if _____

8 혹시 내 차 열쇠를 본 적 있나 해서.　　　　　　　　　　　　　　see

　→ I was wondering if _____

9 혹시 지금 시간을 아시나 해서요.　　　　　　　　　　　　　　　know

　→ I was wondering if _____

10 혹시 BTS에 대해 들어 본 적 있나 해서.　　　　　　　　　　　　hear

　→ I was wondering if _____

실전활용 훈련

11 혹시 네 책을 빌려도 될까 해서.

　→ _____

12 혹시 여기에 주차해도 되나 해서요.

　→ _____

13 혹시 내일 일찍 퇴근해도 될까 해서요.

　→ _____

14 혹시 미팅 일정을 재조정할 수 있을까 해서요.

　→ _____

15 혹시 네가 이 질문에 대한 답을 알고 있나 해서.

　→ _____

Part 6

상대방을 배려하며 부탁할 수 있는 패턴

Unit 051

I would appreciate it if ~
~해 주면 고맙겠어

"I would appreciate it if ~" 패턴은 "~해 주면 고맙겠어", "~해 주시면 감사하겠습니다"라는 뜻으로, 예의를 갖춘 요청이나 부탁을 할 때 자주 사용됩니다. 상대방에게 공손하게 도움을 요청하거나 원하는 행동을 부탁할 때 쓰이므로, 일상에서도 물론 사용 가능하지만 직장에서도 많이 사용됩니다. 이 패턴 뒤에는 [주어+동사] 형태가 오고, 동사는 [would/could+동사원형] 또는 [과거시제]를 많이 씁니다.

패턴집중훈련

1 내 자리 좀 맡아 주면 고맙겠어. *save*

→ I'd appreciate it if _____

2 돌아오는 길에 커피 하나만 사다 줄 수 있다면 고맙겠어. *grab, way back*

→ I'd appreciate it if _____

3 이번에는 네가 운전해 줄 수 있다면 고맙겠어. *drive*

→ I'd appreciate it if _____

4 시간을 조금만 더 주시면 감사하겠습니다. *give, a little*

→ I'd appreciate it if _____

5 싱크대에 접시를 그냥 두지 않으면 고맙겠어. *leave*

→ I'd appreciate it if _____

6 내일 아침에 날 깨워 줄 수 있다면 고맙겠어. *wake up*

→ I'd appreciate it if _____

7 너 언제 시간이 괜찮은지 알려 주면 고맙겠어.   let, time, free

→ I'd appreciate it if _____

8 아무에게도 말하지 않으면 고맙겠어.   tell

→ I'd appreciate it if _____

9 이 가방들 옮기는 걸 도와주실 수 있다면 감사하겠습니다.   help, carry

→ I'd appreciate it if _____

10 너무 크게 말하지 않으면 감사하겠습니다.   talk loudly

→ I'd appreciate it if _____

실전활용 훈련

11 집에 오는 길에 우유 좀 사 올 수 있다면 고맙겠어.

→ _____

12 나 대신 그것 좀 다시 확인해 주면 고맙겠어.

→ _____

13 나에게 잠깐 생각할 시간을 줄 수 있다면 고맙겠어.

→ _____

14 이것 좀 최대한 빨리 해결해 줄 수 있다면 감사하겠습니다.

→ _____

15 저희 집 앞에는 주차하지 않으신다면 감사하겠습니다.

→ _____

Unit 052

It would mean a lot if ~

~하면 큰 의미가 있을 거야

"It would mean a lot if ~"를 직역하면 "~이 큰 의미가 있을 거다"가 되는데, 더 나아가 일상에서는 "나에게 큰 의미가 있다", "그만큼 중요하거나 소중하다", "큰 힘이나 도움이 된다(고맙겠다)" 이런 의미를 모두 포괄하여 사용됩니다. 상대방의 행동이 얼마나 의미 있는지를 강조함으로써 부탁이나 어떤 것을 요청할 때 사용합니다. 여기서는 if 뒤에 [주어+과거동사]가 옵니다.

패턴 집중 훈련

1 내 말을 들어 주면 정말 고맙겠어.   *listen*

→ It would mean a lot if _____

2 나를 믿어 준다면 정말 큰 힘이 될 거야.   *believe*

→ It would mean a lot if _____

3 제 결정을 지지해 주시면 정말 큰 힘이 될 거예요.   *support*

→ It would mean a lot if _____

4 언젠가 나를 보러 오면 정말 좋을 것 같아.   *visit*

→ It would mean a lot if _____

5 저를 위해 시간을 내 주시면 정말 감사하겠습니다.   *make time*

→ It would mean a lot if _____

6 저녁까지 먹고 가시면 정말 기쁠 것 같아요.   *stay for*

→ It would mean a lot if _____

7 저 대신 그녀와 이야기해 주시면 정말 고맙겠어요.   *talk*

→ It would mean a lot if _____

8 이건 비밀로 해 주면 정말 고맙겠어.   *keep*

→ It would mean a lot if _____

9 저에게 다시 한 번 기회를 주시면 정말 감사하겠습니다.   *give, second*

→ It would mean a lot if _____

10 이것을 당신 친구들에게 공유해 주시면 정말 고맙겠습니다.   *share*

→ It would mean a lot if _____

실전활용 훈련

11 저에게 진실을 말씀해 주시면 정말 감사할 것 같아요.

→ _____

12 내 취향을 존중해 준다면 정말 고맙겠어.

→ _____

13 솔직한 의견을 주시면 정말 큰 도움이 될 것 같아요.

→ _____

14 내 생일을 기억해 준다면 큰 의미가 있을 거야.

→ _____

15 계속 연락하고 지내면 정말 고맙겠어.

→ _____

Unit 053
I'd love your input on ~

~에 대한 네 의견을 듣고 싶어

"I'd love your input on ~"에서 input은 '의견, 피드백'이라는 의미를 지니고 있어요. 따라서 이 패턴은 "~에 대한 당신의 의견을 듣고 싶어요"라는 의미로, 상대방의 생각이나 조언을 부탁할 때 사용합니다. 이 표현은 주로 협력적인 대화나 브레인스토밍, 아이디어를 논의할 때 사용되며, 공손하면서도 친근한 느낌을 주기 때문에 일상에서도 직장에서도 자유롭게 사용할 수 있습니다. on 뒤에는 바로 [명사]가 나올 수도 있고, [의문사]가 나올 수도 있습니다.

패턴집중훈련

1 우리의 주말 계획에 대한 너의 의견을 듣고 싶어.   plans

→ I'd love your input on _____

2 이 의상에 대한 네 의견을 듣고 싶어.   outfit

→ I'd love your input on _____

3 우리 점심을 어디 가서 먹을지 네 의견을 말해 줘.   where

→ I'd love your input on _____

4 저녁으로 뭘 시켜 먹을지 네 의견을 듣고 싶어.   what

→ I'd love your input on _____

5 인스타그램용으로 어떤 사진이 더 잘 나왔는지 의견을 말해 줘.   which photo

→ I'd love your input on _____

6 제시카한테 어떤 선물을 사 줘야 할지 네 의견을 말해 줘.   what gift

→ I'd love your input on _____

7 오늘 밤에 어떤 영화를 볼지 네 의견을 알고 싶어. *what movie*

→ I'd love your input on _____

8 제출하기 전에 제 이력서에 대한 의견을 듣고 싶어요. *resume*

→ I'd love your input on _____

9 어떻게 하면 우리 시간을 더 잘 관리할지 의견을 듣고 싶어요. *how to manage*

→ I'd love your input on _____

10 이 까다로운 상황을 어떻게 처리해야 할지 의견을 듣고 싶어요. *how to handle, tricky*

→ I'd love your input on _____

실전 활용 훈련

11 이 문제를 어떻게 접근하면 좋을지 너의 의견을 듣고 싶어.

→ _____

12 내 책 디자인에 대한 너의 의견을 듣고 싶어.

→ _____

13 내 결혼식에서 어떤 노래를 틀지 너의 의견을 알고 싶어.

→ _____

14 파티 메뉴에 대한 당신의 의견을 듣고 싶어요.

→ _____

15 우리의 고객 서비스를 어떻게 개선할 수 있을지에 대한 의견을 듣고 싶어요.

→ _____

Unit 054

Would you mind ~?

괜찮으시다면 ~해 주시겠어요?

"Would you mind ~?" 패턴은 "~해 주실 수 있을까요?", "괜찮다면 ~해 주시겠어요?"라는 뜻으로, 상대방에게 무언가를 정중하게 요청하거나 부탁할 때 사용하는 정말 유용한 표현이에요. 이 경우에는 패턴 뒤에 [동명사(-ing)]를 붙입니다. 그리고 "내가 ~해도 괜찮겠어?"라고 허락을 받기 위해 사용하기도 하는데, 이럴 때는 뒤에 [if I + 과거동사]를 붙여 주세요.

패턴집중 훈련

1 몇 분만 기다려 주시겠어요?   wait
   → Would you mind

2 저희 사진 좀 찍어 주시겠어요?   take
   → Would you mind

3 이 문서 좀 검토해 주실 수 있을까요?   review
   → Would you mind

4 이거 잠깐만 봐 주시겠어요?   take a look
   → Would you mind

5 내일 제 업무 좀 대신 맡아 주실 수 있을까요?   cover for
   → Would you mind

6 저녁 준비 좀 도와줄래?   help with
   → Would you mind

7 제 가방을 잠깐 봐 주실 수 있을까요? watch, for a second

→ Would you mind _____

8 조금만 옆으로 비켜 주실 수 있나요? move over

→ Would you mind _____

9 저 오늘 조금 일찍 퇴근해도 괜찮을까요? leave

→ Would you mind _____

10 오늘 밤 너희 집에서 자도 될까? stay over

→ Would you mind _____

실전 활용 훈련

11 저 대신 이거 좀 출력해 주시겠어요?

→ _____

12 이따가 나 좀 데리러 와 줄 수 있을까?

→ _____

13 이번 주말에 내 강아지 좀 봐 줄 수 있어?

→ _____

14 질문 하나 드려도 될까요?

→ _____

15 혹시 테이블에 같이 앉아도 괜찮을까요?

→ _____

Do you think you could ~?
~해 줄 수 있을까?

"Do you think you could ~?" 패턴은 "너는 ~할 수 있다고 생각하니?" 이렇게 직역할 수 있는데, 실제로는 "~해 줄 수 있을까?", "혹시 ~해 줄 수 있는지 궁금해"라는 부드럽고 예의 있는 요청의 의미예요. 상대방의 입장을 배려하며 부탁을 할 때 사용해 보세요. 패턴 뒤에는 [동사원형]이 옵니다. 이 패턴 끝에 'for me', 'for us'를 붙이면 '나 대신', '우리를 위해'라는 의미가 추가되어 더 자연스럽게 들릴 수 있습니다.

패턴집중훈련

1 나중에 나에게 다시 상기시켜 줄래? remind
   → Do you think you could

2 나 커피 한 잔만 사다 줄 수 있어? grab
   → Do you think you could

3 내 이메일 좀 대신 확인해 줄래? check
   → Do you think you could

4 나를 그분에게 소개해 줄 수 있을까? introduce
   → Do you think you could

5 나 대신 이거 좀 고쳐 줄 수 있어? fix
   → Do you think you could

6 우리 예약 좀 해 줄래? make a reservation
   → Do you think you could

7 노트북 좀 가져와 줄래?　　　　　　　　　　　　　　　　　　　　　bring

→ Do you think you could

8 조금만 치워 줄래?　　　　　　　　　　　　　　　　　　　　　　　clean up

→ Do you think you could

9 추천서 하나만 씨 줄 수 있으세요?　　　　　write, letter of recommendation

→ Do you think you could

10 내일까지 알려 줄 수 있어?　　　　　　　　　　　　　　　　　　let, know

→ Do you think you could

실전 활용 훈련

11 내 물건 좀 잠깐 봐 줄래?

→

12 카페에서 나 좀 만나 줄 수 있어?

→

13 내가 없는 동안 내 식물에 물 좀 줄 수 있어?

→

14 나 차로 데려다줄 수 있을까?

→

15 그 파일을 나한테 보내 줄 수 있어?

→

Unit 056

Just so you know, ~

참고로, ~

"Just so you know, ~" 패턴은 "그냥 알아 두면 좋을 것 같아서 ~", "혹시 몰라 참고로 말하는 건데 ~"라는 의미로, 상대방에게 미리 정보를 주거나 사전에 말해 두고 싶은 상황에서 사용합니다. 직접적으로 명령하거나 요구하지 않고, 배려 있게 원하는 걸 전달할 수 있어서 일상 대화에서 정말 자주 쓰여요. 패턴 뒤에는 [주어+동사]를 붙이면 됩니다.

패턴집중훈련

1 참고로 나 좀 늦을 거야. be late

   → Just so you know, _____

2 참고로 나중에 네 도움이 좀 필요할 수도 있어. might need

   → Just so you know, _____

3 참고로 생각보다 시간이 더 걸릴 수도 있어. take longer, expect

   → Just so you know, _____

4 참고로 나중에 내가 부탁을 하나 할지도 몰라. ask for

   → Just so you know, _____

5 참고로 3페이지에 오타가 있어. typo

   → Just so you know, _____

6 참고로 그 파일들 금요일까지 필요해. need

   → Just so you know, _____

7 참고로 너만 믿고 기대고 있는 거야.   count on

→ Just so you know,

8 참고로 다음 주 월요일이 마감일이야.   deadline

→ Just so you know,

9 참고로 내 차에 기름이 거의 없어.   run out, gas

→ Just so you know,

10 참고로 회의는 오전 9시에 시작해.   start

→ Just so you know,

실전 활용 훈련

11 참고로 난 내일 회사에 없을 거야.

→

12 참고로 난 기계 쪽은 좀 약해.

→

13 참고로 나 좀 일찍 나가야 할 수도 있어.

→

14 참고로 우리 집에 우유가 다 떨어졌어.

→

15 참고로 우리 가기 전에 옷을 갈아입어야 할 수도 있어.

→

I totally understand if ~

~해도 충분히 이해해

"I totally understand if ~" 패턴은 "~해도 괜찮아", "~해도 충분히 이해해"라는 의미로, 부탁이나 제안을 할 때, 거절해도 괜찮다고 말하며 상대의 부담을 줄여 주고 상대가 미안해하지 않도록 도와주는 아주 배려심 깊은 표현이에요. 패턴 뒤에는 [주어+동사]가 옵니다.

패턴 집중 훈련

1 시간이 좀 더 필요해도 괜찮아.　　　　　　　　　　　　　　need
   → I totally understand if _____

2 오늘 밤에 못 와도 정말 괜찮아.　　　　　　　　　　　　　　make
   → I totally understand if _____

3 마음이 바뀌었어도 충분히 이해해.　　　　　　　　　　　　change
   → I totally understand if _____

4 그거 나한테 빌려줄 수 없어도 충분히 이해해.　　　　　　　lend
   → I totally understand if _____

5 마음이 내키지 않는다고 해도 괜찮아.　　　　　　　　　　be up for
   → I totally understand if _____

6 그게 너무 무리한 부탁이라면 이해해.　　　　　　　　too much, ask
   → I totally understand if _____

7 이미 선약이 있다면 이해해.   have

→ I totally understand if _____

8 더 오래 못 있어도 정말 괜찮아.   stay

→ I totally understand if _____

9 불편하다면 충분히 이해해.   be inconvenient

→ I totally understand if _____

10 거절해도 정말 괜찮아.   say no

→ I totally understand if _____

실전 활용 훈련

11 네가 너무 바빠서 못 도와준다고 해도 이해해.

→ _____

12 취소해야 한다고 해도 정말 괜찮아.

→ _____

13 아직 준비가 안 됐다고 느껴도 정말 괜찮아.

→ _____

14 혼자 있고 싶다면 충분히 이해해.

→ _____

15 오늘 못 끝내도 괜찮아.

→ _____

Unit 058
Whenever you have time, ~?
시간 되실 때 ~해 주시겠어요?

"Whenever you have time, ~" 패턴은 상대방의 상황과 시간을 존중하면서 가볍게 제안이나 부탁을 할 때 사용합니다. 이 패턴 뒤에는 부탁이나 제안하는 문장이 오면 되는데, 'please ~', 'can you ~?', 'let's ~'와 같은 표현들이 자주 쓰여요. 사무적인 자리나 편안한 사이 어디에서든 사용할 수 있기 때문에 다양한 예문을 보여 드릴게요.

패턴 집중 훈련

1 시간 있으실 때 이 서류 좀 검토해 주시겠어요?   look over
   → Whenever you have time, _____

2 시간 되면 업데이트된 파일 좀 보내 줘요.   send
   → Whenever you have time, _____

3 시간 될 때 다시 전화해 줄래?   call back
   → Whenever you have time, _____

4 시간 나면 내 사무실에 잠깐 들러.   stop by
   → Whenever you have time, _____

5 시간 날 때 우리 만나서 수다 떨자.   catch up
   → Whenever you have time, _____

6 시간 나면 나한테 사진들 보내 줘.   share
   → Whenever you have time, _____

7 시간 날 때 내가 보낸 영상 한번 봐 봐. _check out_

→ Whenever you have time, _____

8 시간 날 때 나 이거 설치하는 것 좀 도와줘. _help, set up_

→ Whenever you have time, _____

9 시간 되면 이거 어떻게 작동하는 건지 알려 줄 수 있어? _show, work_

→ Whenever you have time, _____

10 시간 나면 내가 점심 한번 살게. _treat_

→ Whenever you have time, _____

실전 활용 훈련

11 시간 되실 때 요청에 대한 승인 부탁드립니다.

→ _____

12 시간 되면 최종 버전을 업로드해 주세요.

→ _____

13 시간 될 때 산책하러 가자.

→ _____

14 시간 될 때 레시피 좀 보내 줄 수 있어?

→ _____

15 시간 될 때 가서 계란 좀 사 올래?

→ _____

Unit 059

I know it's last-minute, but ~?

갑자기 미안한데, ~해도 될까?

"I know it's last-minute, but ~" 패턴은 갑작스럽거나 급한 부탁을 조심스럽고 공손하게 전달할 때 사용합니다. "갑자기 미안한데, ~해 줄 수 있어?"라는 의미로, 갑작스러운 부탁이니 충분히 거절해도 이해한다는 여지를 상대방에게 주는 표현이에요. last-minute은 '마지막 순간의, 급한'이라는 뜻이에요. 갑자기 바뀐 계획이나 급한 부탁을 말할 때 자주 써요.

패턴집중훈련

1 갑작스러운 부탁인 건 알지만, 이번 주말에 이사 좀 도와줄 수 있을까?   *help, move*
    → I know it's last-minute, but _____

2 갑자기 미안한데, 오늘 밤 너희 집에서 자도 될까?   *crash, place*
    → I know it's last-minute, but _____

3 갑작스러운 거 알지만, 잠깐 미팅 가능할까?   *be free, quick*
    → I know it's last-minute, but _____

4 갑자기 미안한데, 몇 시간만 애 좀 봐 줄 수 있을까?   *babysit, couple*
    → I know it's last-minute, but _____

5 갑자기 부탁해서 미안한데, 나 좀 공항에 태워다 줄 수 있을까?   *drive*
    → I know it's last-minute, but _____

6 갑자기 미안한데, 네 조언이 필요해.   *need*
    → I know it's last-minute, but _____

7 갑자기 미안한데, 우리 미팅 일정을 바꿀 수 있을까?   reschedule

→ I know it's last-minute, but _____

8 갑작스러운 거 알지만, 네 도움이 정말 필요해.   use

→ I know it's last-minute, but _____

9 갑자기 말해서 미안한데, 오늘 너를 정말 보고 싶어.   love

→ I know it's last-minute, but _____

10 급하게 미안한데, 노트북 좀 빌릴 수 있을까?   borrow

→ I know it's last-minute, but _____

실전 활용 훈련

11 갑자기 미안한데, 우리 자리 좀 바꿀 수 있을까?

→ _____

12 갑작스럽지만 나랑 같이 갈래?

→ _____

13 갑작스러운 부탁인데, 내가 직장까지 차편이 필요해.

→ _____

14 갑작스러운 거 알지만, 손님 한 명 더 추가해도 될까?

→ _____

15 갑자기 미안한데, 슈퍼마켓에 들를 수 있어?

→ _____

Unit 060

If you don't mind, ~?

괜찮으시다면 ~해도 될까요?

"If you don't mind, ~" 패턴은 "실례가 안 된다면 ~", "괜찮으시다면 ~", "가능하시다면 ~"이라는 뜻으로, 부탁이나 제안을 아주 공손하게 표현할 때 쓰는 패턴이에요. 이 표현은 공손하기도 하지만 캐주얼하게도 사용할 수 있습니다.

패턴집중훈련

1 실례가 안 된다면, 여기 앉아도 될까요?   sit

→ If you don't mind, _____

2 괜찮다면 내가 합류해도 될까?   join

→ If you don't mind, _____

3 괜찮으시다면 이번에는 빠져도 될까요?   sit out

→ If you don't mind, _____

4 실례가 안 된다면, 따로 이야기 나눌 수 있을까요?   talk, in private

→ If you don't mind, _____

5 괜찮다면 우리 패스트푸드나 먹을까?   grab

→ If you don't mind, _____

6 괜찮다면 네 충전기 좀 써도 될까?   charger

→ If you don't mind, _____

7 실례가 안 된다면, 이것 좀 같이 들어 주시겠어요? *help, carry*

→ If you don't mind, _____

8 실례지만 저 대신 택시 좀 불러 주실 수 있나요? *call, cab*

→ If you don't mind, _____

9 실례지만 이건 내일 이어서 해도 될까요? *continue*

→ If you don't mind, _____

10 괜찮다면 제 샐러드에서 올리브는 빼 주시겠어요? *leave out*

→ If you don't mind, _____

실전활용 훈련

11 괜찮다면 여기서 잠깐 쉴까?

→ _____

12 괜찮다면 오는 길에 음식을 좀 사 올 수 있어?

→ _____

13 실례가 안 된다면, 전화 말고 문자를 남겨 주시겠어요?

→ _____

14 가능하다면 오는 길에 냉장고에서 맥주 하나만 꺼내다 줄래?

→ _____

15 실례가 안 된다면, 제가 재킷 좀 빌려도 될까요?

→ _____

147

Part 7

센스 있게 조언할 수 있는 패턴

Unit 061
You'd be better off ~
너 ~하는 것이 더 나을 거야

"You'd be better off ~"는 해석하면 "너는 ~하는 것이 더 나을 거야"라는 의미로, 상대방에게 도움이 되는 조언을 주거나, 더 나은 것을 제안하거나, 더 나은 방향을 제시할 때 자주 사용됩니다. 이 패턴은 정중하고 간접적으로 조언을 전달하기 때문에 특히 상대방을 배려해야 하는 상황에서 유용합니다. 뒤에는 [동명사(-ing)]나 또는 [명사(구)]가 올 수 있고, 주로 현재나 미래의 선택에 대해 이야기할 때 사용됩니다.

패턴 집중 훈련

1 도움을 요청하는 게 나을 거야. — ask for
   → You'd be better off

2 재킷을 걸치는 게 나을 거야. — wear
   → You'd be better off

3 지하철을 타는 게 나을 거야. — take
   → You'd be better off

4 일찍 자는 게 나을 거야. — go to bed
   → You'd be better off

5 탄산음료 대신 물을 마시는 게 나을 거야. — drink, soda
   → You'd be better off

6 네가 정말 즐길 수 있는 일을 찾는 게 더 나을 거야. — find, actually
   → You'd be better off

똑똑한 영어 패턴 쓰기 훈련

AI 시대에 꼭 필요한 영어 말하기 습관

제니 리 지음

읽고 말하기 훈련

넥서스

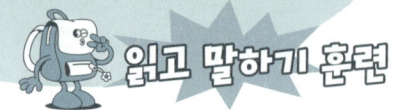

Part 01
나에 대해 이야기할 때 유용한 패턴

Unit 001

» 패턴 집중 훈련

1. I usually go for spicy food.
2. I usually go for simple outfits.
3. I usually go for light makeup.
4. I usually go for the cheapest option.
5. I usually go for bagels in the morning.
6. I usually go for Korean food when I eat out.
7. I usually go for an iced Americano even in winter.
   + even 은 '심지어'라는 의미로 강조할 때 자주 쓰는 부사입니다.
8. I usually go for a quick and easy meal.
9. I usually go for sweets when I'm stressed.
10. I usually go for something familiar over something new.
    + 'A 보다 B' 는 'B over A' 이렇게 말할 수 있어요.

» 실전 활용 훈련

11. I usually go for a salad.
12. I usually go for neutral colors.
13. I usually go for rom-coms on Netflix.
    + rom-coms는 'romantic comedies'의 줄임 말로, 캐주얼한 대화에서 자주 쓰입니다.
+ 매체 앞에는 주로 on 이 옵니다. 예를 들면, 'on TV', 'on the radio', 'on the internet', 'on Instagram' 이렇게요.

14. I usually go for sneakers to stay comfy.
    + comfy는 comfortable(편안한)을 줄인 말로, 회화에서 편하게 많이 써요.
15. I usually go for the safe option.

Unit 002

» 패턴 집중 훈련

1. I tend to worry a lot.
2. I tend to overthink.
   + overthink는 '지나치게 많이/오래 생각하다'라는 뜻이에요.
3. I tend to procrastinate.
   + procrastinate은 '(해야 할 일을) 미루다' 또는 '질질 끌다'라는 뜻이에요.
4. I tend to be a perfectionist.
5. I tend to skip breakfast.
6. I tend to cry easily.
7. I tend to talk fast when I'm nervous.
8. I tend to eat when I'm stressed.
9. I tend to spend too much time on my phone.
10. I tend to forget where I put things.

» 실전 활용 훈련

11. I tend to drink a lot of coffee.
12. I tend to solve problems on my own.

+ 'on my own'은 '혼자서'라는 뜻으로, 'by myself'와 같은 의미입니다.

13 I tend to get stressed easily.
+ 감정 표현 뒤에 easily를 붙이면 '쉽게 ~하다'라는 뜻이에요.

14 I tend to hide my feelings.

15 I tend to scroll through Instagram before bed.
+ 휴대폰 화면이나 콘텐츠를 넘겨 보는 걸 'scroll through'라고 할 수 있어요.

Unit 003

» 패턴 집중 훈련

1 I can't stand the traffic.

2 I can't stand bad Wi-Fi.

3 I can't stand waiting in line.
+ '줄 서다'는 'wait in line', '새치기하다'는 'cut in line'이라고 해요.

4 I can't stand people cutting in line.

5 I can't stand clingy people.
+ 감정적으로 의존적이고 집착하는 사람들을 clingy하다고 하는데, '달라붙다'라는 의미의 동사 cling에서 파생된 형용사입니다.

6 I can't stand messy rooms.

7 I can't stand loud chewing sounds.

8 I can't stand being interrupted.
+ interrupt는 '방해하다'라는 의미도 있지만 '말을 끊다'라는 뜻으로도 사용할 수 있어요.

9 I can't stand eating at dirty restaurants.

10 I can't stand people that are addicted to social media.

+ 'be addicted to ~'는 '~에 중독되다'라는 의미로, to 뒤에는 명사가 와요.

» 실전 활용 훈련

11 I can't stand the dark.
+ '어둠'은 형용사 dark 앞에 관사 the를 붙여 'the dark'라고 합니다.

12 I can't stand liars.

13 I can't stand hot weather.

14 I can't stand working with him.

15 I can't stand going out in the rain.

Unit 004

» 패턴 집중 훈련

1 I can't stop thinking about you.
+ 'think about ~'은 '~에 대해 생각하다'라는 의미로, about 뒤에는 명사가 와요.

2 I can't stop listening to this song.

3 I can't stop eating these chips.

4 I can't stop checking my phone.
+ 습관적으로 핸드폰을 보는 행위는 영어로 'check the phone'이라고 합니다.

5 I can't stop making excuses.

6 I can't stop thinking about that scene.

7 I can't stop watching this drama.

8 I can't stop shopping lately.

9 I can't stop replaying this episode.

10 I can't stop talking when I get excited.
+ excited가 이미 신난 상태라면, 'get excited'는 신나기 시작하는 걸 말해요.

» 실전 활용 훈련

11 I can't stop crying these days.

12 I can't stop smiling when I see her.
  + smile은 '미소 짓다' 정도이고, laugh는 '깔깔 웃다'로 의미 차이가 있습니다.

13 I can't stop singing that song.

14 I can't stop biting my nails.
  + bite은 '물다, 물어뜯다'라는 의미로, '손톱을 물어뜯다'라고 말할 때도 이 단어를 사용합니다.

15 I can't stop watching Jenny's videos.

Unit 005

» 패턴 집중 훈련

1 I'm in the mood for pasta.
  + 일반적인 음식에는 관사 없이 단수 형태로 사용하는 것을 기억해 주세요.

2 I'm in the mood for something sweet.
  + something 뒤에 형용사가 오면 '~한 것'으로 해석할 수 있습니다.

3 I'm in the mood for a sad movie today.

4 I'm in the mood for some soju.

5 I'm in the mood for homemade food.

6 I'm in the mood for some alone time.

7 I'm in the mood for a strong cup of coffee.

8 I'm in the mood for something fun.

9 I'm in the mood for a run.

10 I'm in the mood for some sun on the beach.
  + 셀 수 없는 명사 앞에 some을 붙이면 큰 의미 변화 없이 괜히 더 원어민 같이 들려요.

» 실전 활용 훈련

11 I'm in the mood for fried chicken.

12 I'm in the mood for something spicy.

13 I'm in the mood for sushi tonight.

14 I'm in the mood for a glass of wine.
  + 셀 수 없는 것을 셀 수 있는 것에 담아서 낼 때에는 'a cup of ~', 'a glass of ~' 이렇게 말할 수 있어요.

15 I'm in the mood for a nap.
  + '낮잠'은 셀 수 있는 명사로 취급하여 앞에 관사를 붙입니다.

Unit 006

» 패턴 집중 훈련

1 I'm feeling a bit tired.

2 I'm feeling a bit bored.

3 I'm feeling a bit sensitive today.

4 I'm feeling a bit low on energy.
  + 'low on energy'는 '에너지가 부족한'이라는 의미로, 피곤하거나 무기력한 상태를 나타낼 때 쓸 수 있어요.

5 I'm feeling a bit off right now.
  + off는 '기분이 별로인, 이상한, 컨디션이 안 좋은'의 뉘앙스를 담은 원어민 표현이에요.

6 I'm feeling a bit out of it.
  + 'out of it'은 '몽롱하거나 집중이 안 되는 상태'

를 표현할 때 많이 쓰여요.

7 I'm feeling a bit down.

8 I'm feeling a bit sore from the workout.

9 I'm feeling a bit feverish.
   + feverish는 명사 fever(열)에서 파생된 형용사로, '열이 나는 상태'를 나타냅니다.

10 I'm feeling a bit lucky today.

» 실전 활용 훈련

11 I'm feeling a bit shy.

12 I'm feeling a bit annoyed with him.
   + 'annoyed with ~' 뒤에는 나를 짜증나게 하는 대상이 옵니다.

13 I'm feeling a bit awkward here.

14 I'm feeling a bit dizzy.

15 I'm feeling a bit better than earlier.

Unit 007

» 패턴 집중 훈련

1 I get really annoyed when I'm hungry.

2 I get really down when the weather is gloomy.

3 I get really nervous when I speak in front of people.
   + 발표나 프레젠테이션을 하는 건 영어로 'speak in front of people(사람들 앞에서 말하다)'이라고 표현합니다.

4 I get really happy when I get compliments.

5 I get really anxious when it's too crowded at the mall.
   + 쇼핑몰이 붐빌 때는 crowded라는 형용사를 쓰면 돼요.

6 I get really sluggish when I do nothing all day.
   + slug(민달팽이)에서 나온 sluggish는 '느릿한, 게으른'이라는 의미로 자주 쓰입니다.

7 I get really uncomfortable when someone asks a personal question.
   + personal을 명사 앞에 붙이면 '사적인, 개인적인'이라는 의미가 돼요.

8 I get really pumped when I go on a trip.

9 I get really stressed when deadlines are near.

10 I get really goofy when I'm with my friends.

» 실전 활용 훈련

11 I get really mad when people ignore me.

12 I get really nervous when I take exams.

13 I get really sensitive when I'm stressed.

14 I get really upset when I fight with my friend.

15 I get really anxious when things don't go as planned.
   + '계획대로 일이 안 풀린다'는 'Things don't go as planned'라는 관용 표현을 사용해요.

Unit 008

» 패턴 집중 훈련

1 I have a hard time waking up early.
2 I have a hard time saving money.
3 I have a hard time making decisions.
   + 'make a decision'은 '(하나의) 결정을 내리다', 'make decisions'는 '(일반적으로) 결정을 내리다'라는 의미 차이가 있습니다.
4 I have a hard time remembering names.
5 I have a hard time saying no to people.
   + 'say no'는 직역하면 '아니라고 말하다'인데, 실제로는 '거절하다'라는 의미로 많이 쓰여요.
6 I have a hard time concentrating when it's noisy.
7 I have a hard time staying positive throughout the day.
   + 'stay positive'에서 stay는 어떤 상태를 '유지하다'라는 의미예요.
8 I have a hard time making small talk with strangers.
   + '스몰토크를 하다'는 영어로 'make small talk'라고 합니다.
9 I have a hard time making time for myself.
   + 'make time for ~'은 '~를 위해 시간을 내다'라는 뜻으로, for 뒤에는 대상이 옵니다.
10 I have a hard time keeping a routine.

» 실전 활용 훈련

11 I have a hard time focusing on work these days.
12 I have a hard time trusting people.
13 I have a hard time losing weight.
14 I have a hard time falling asleep.
15 I have a hard time remembering my friends' birthdays.

Unit 009

» 패턴 집중 훈련

1 I'm all about family.
2 I'm all about minimalism.
3 I'm all about eating clean.
   + 건강하게 먹는 건 영어로 'eat clean'이라고 표현합니다.
4 I'm all about self-growth.
   + '자기 계발'은 'self-growth' 또는 'personal development'라고 할 수 있어요.
5 I'm all about evening walks.
6 I'm all about solo travel.
7 I'm all about managing my time.
8 I'm all about giving back to the community.
   + 'give back'은 '돌려주다'라는 뜻에서 확장되어, 사회에 기부하거나 환원하는 의미로도 자주 쓰입니다.
9 I'm all about slow weekends.
   + 'slow weekends'는 '느긋하고 여유로운 주말'을 나타내는 요즘 트렌디한 표현이에요.
10 I'm all about thrifting at flea markets.
   + 'thrifting'은 중고 물품을 저렴하게 사는 것을 말해요.

» 실전 활용 훈련

11 I'm all about trying new things.

12 I'm all about work-life balance.

13 I'm all about natural makeup.

14 I'm all about transparency in relationships.
    + '솔직함'을 말할 때 honesty뿐 아니라, transparency도 많이 씁니다.

15 I'm all about working out at the gym these days.

Unit 010

» 패턴 집중 훈련

1 I'm not really into horror movies.

2 I'm not really into any trends these days.

3 I'm not really into social media anymore.

4 I'm not really into dating apps.

5 I'm not really into staying out late.
   + 밤늦게까지 밖에 있는 건 'stay out late'라고 표현합니다.

6 I'm not really into talking about politics.

7 I'm not really into texting all day.

8 I'm not really into reading self-help books.
   + 'self-help books'는 '자기 계발서'를 뜻하는 말이에요.

9 I'm not really into celebrating my birthday.

10 I'm not really into dressing up.
    + 'dress up'은 '격식 있게 차려입는 것', 반대로 'dress down'은 '편하고 캐주얼하게 입는 것'을 말해요.

» 실전 활용 훈련

11 I'm not really into playing games.

12 I'm not really into designer bags.
    + 명품 가방은 'luxury bag'도 좋지만, 'designer bags'라고도 합니다.

13 I'm not really into eating out.
    + 외식은 '밖에서 먹다'라는 의미를 살려 영어로는 'eat out'이라고 해요.

14 I'm not really into K-pop unlike my best friend.

15 I'm not really into wearing makeup every day.

Part 02
부드럽게 내 생각을 말할 때 쓰는 패턴

Unit 011

» 패턴 집중 훈련

1 I guess you're right.

2 I guess I'll stay home today.

3 I guess I was wrong this time.

4 I guess we expected too much.

5 I guess she's not into me.
   + 'be into ~'는 '~에 관심 있다'라는 의미로, 뒤에 관심 대상을 명사로 붙이면 됩니다.

6 I guess it'll work out in the end.

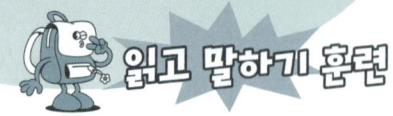

읽고 말하기 훈련

+ 'work out'은 '운동하다'라는 의미도 있지만, '알아서 해결되다, 잘 풀리다'라는 뜻으로도 많이 써요.

7 I guess it's time to move on and find someone new.

8 I guess we don't really get along.
+ really는 '정말'이라는 뜻이지만, 부정문에서 쓰이면 '그다지, 별로'라는 뜻도 있어요.

9 I guess my mom's not in a good mood today.

10 I guess it's just one of those days.
+ 'one of those days'는 직역하면 '그런 날 중 하나'지만, 실제로는 일이 잘 안 풀리는 힘든 하루를 의미합니다.

» 실전 활용 훈련

11 I guess that's life.

12 I guess I overreacted.

13 I guess I'll have to accept it.

14 I guess I don't care about it anymore.
+ 'care about ~'은 '~에 신경 쓰다, 마음을 쓰다, 관심을 가지다'라는 의미로, 뒤에는 관심 대상을 붙여 주세요.

15 I guess he doesn't really want to talk to me.

Unit 012

» 패턴 집중 훈련

1 The thing is I don't have a car.

2 The thing is I can't afford it.

3 The thing is I really want the best for you.
+ 누군가를 진심으로 위하며 '너를 응원해', '네가 잘 되길 바라'라고 할 때는 'I want the best for you'라고 말해요.

4 The thing is my kid is way too sensitive.
+ 'way too ~' 뒤에는 형용사가 와서 '너무 ~한'이라는 뜻을 강조합니다.

5 The thing is he's not really my type.
+ '내 취향이다, 내 스타일이다'라고 할 때에는 'be my type'이라는 표현을 쓸 수 있어요.

6 The thing is I still haven't made up my mind yet.
+ 'make up one's mind'는 '결정을 내리다'라는 의미로 외워 주세요.

7 The thing is I don't want to go either.

8 The thing is I'm still not over him yet.

9 The thing is I've already tried everything.

10 The thing is I'm not sure I can do it.

» 실전 활용 훈련

11 The thing is it's not that simple.

12 The thing is she lied to me.

13 The thing is I still have feelings for him.
+ 'have feelings for ~'는 '~에게 호감을 갖다, 좋아하는 감정이 있다'라는 의미로 쓰입니다.

14 The thing is I'm not in the mood right now.

15 The thing is I don't even know who I can trust anymore.

» 패턴 집중 훈련

1. It's just that I'm too tired.
2. It's just that we don't really click.
   + click은 사람 사이에서 '통하다, 잘 맞다'라는 의미로 자주 쓰여요.
3. It's just that I already have other plans.
4. It's just that I'm not in a position to help right now.
   + '~할 입장이다'는 'be in a position to ~'라고 표현하며, 뒤에는 동사원형이 옵니다.
5. It's just that I've been really busy lately.
6. It's just that I didn't want to cause any trouble.
7. It's just that the timing feels off.
   + off는 '어디서 벗어난' 속성을 나타내므로, 'feel off'라고 하면 정상 범주에서 벗어나 '기분, 컨디션이 이상하다'라는 뉘앙스로 사용합니다.
8. It's just that I'm scared of getting hurt again.
9. It's just that I need more time to trust you.
10. It's just that I'm not ready for something serious.

» 실전 활용 훈련

11. It's just that I'm worried.
12. It's just that I'm not ready yet.
13. It's just that I want to focus on myself right now.
    + 'focus on ~'은 '~에 집중하다'라는 뜻이고, 뒤에는 명사가 옵니다.
14. It's just that it's hard to accept that.
15. It's just that I didn't expect you to react that way.
    + 'expect A to B'는 'A가 B할 거라고 생각하다'라는 의미예요.

Unit 014

» 패턴 집중 훈련

1. I have a feeling that we forgot something.
2. I have a feeling that he'll be late.
3. I have a feeling that it's going to rain soon.
   + 미래에 대해 얘기할 때 will 대신 'be going to'를 쓸 수 있습니다.
4. I have a feeling that my friend will call soon.
5. I have a feeling that my mom will say no.
6. I have a feeling that she's hiding something.
7. I have a feeling that I've seen him before.
   + 'I've seen him' 같은 현재완료 시제는 '~한 적 있다'라는 경험을 나타냅니다.
8. I have a feeling that this is the right way.
9. I have a feeling that this movie will be very sad.
10. I have a feeling that today will be a good day.

» 실전 활용 훈련

11 I have a feeling that he'll change his mind.

12 I have a feeling that they've broken up.
+ '헤어지다'는 'break up', '헤어진 상태이다'는 'be broken up'으로 구분해요.

13 I have a feeling that I'll get promoted.
+ '승진하다'는 수동태를 써서 'get promoted'라고 합니다.

14 I have a feeling that my team won't like my idea.

15 I have a feeling that the meeting will be canceled.
+ '취소하다'는 cancel, '취소된 상태이다'는 'be canceled'라고 합니다.

Unit 015

» 패턴 집중 훈련

1 It could be that she's busy right now.

2 It could be that you didn't try hard enough.
+ 형용사 뒤에 enough를 붙이면 '충분히 ~한'이라는 뜻이 돼요.

3 It could be that they're stuck in traffic.

4 It could be that I misunderstood you.

5 It could be that your boyfriend is waiting for you outside.

6 It could be that he's not feeling well today.
+ 어디가 정확히 아픈 건 아니고 그냥 '몸이 안 좋다'라고 할 때는 'not feel well'이라고 합니다.

7 It could be that the meeting was rescheduled.

8 It could be that the store is already closed.

9 It could be that you're at the wrong address.

10 It could be that the email got lost in spam.
+ 'get lost in spam'은 직역하면 '스팸 메일함에서 길을 잃다'인데, 실제로는 스팸 메일 속에 파묻혀 있다는 의미로 쓰여요.

» 실전 활용 훈련

11 It could be that the plane got delayed.
+ delay는 내가 연기하는 거지만, '연기된 상태'를 말할 때에는 'be delayed' 또는 'get delayed'를 씁니다.

12 It could be that he doesn't know the answer.

13 It could be that he left early without telling us.

14 It could be that she didn't hear her phone ring.
+ [hear+A+동사원형] 구조는 'A가 ~하는 걸 듣다'라는 의미를 가져요.

15 It could be that the keys are in your bag.

Unit 016

» 패턴 집중 훈련

1 I'd say he's in his 40s.

+ 나이를 표현할 때는 전치사 in을 써서 'in my 20s', 'in her 50s' 이렇게 말합니다.

2 I'd say let's give it a shot.
+ 'give it a shot'은 원래 '총을 한 방 쏘다'라는 뜻이지만, 회화에서는 '한번 시도해 보다'라는 의미로 많이 쓰여요.

3 I'd say it's a tie.

4 I'd say we call it a day.
+ 회화에서는 "I'd say we call it a day."라고 말해도 자연스럽지만, 문법적으로는 "I'd say we should call it a day."가 더 정확합니다.

5 I'd say she likes you.

6 I'd say it's close enough.

7 I'd say you're worrying too much.

8 I'd say we'll be fine.

9 I'd say he's overreacting.

10 I'd say she's telling the truth.

» 실전 활용 훈련

11 I'd say we should be careful.

12 I'd say he needs help.

13 I'd say that's fair enough.
+ 형용사 뒤에 enough가 붙으면 '충분히 ~한'이라는 뜻이에요. 'close enough', 'good enough', 'fair enough'처럼 사용해 보세요.

14 I'd say we're almost there.

15 I'd say go for it.
+ "Go for it."은 "그걸 향해 가 봐."라는 말에서 나온 표현으로, '한번 해 보다', '도전해 보다'라는 의미로 자주 쓰입니다.

Unit 017

» 패턴 집중 훈련

1 It looks like you didn't get much sleep.
+ 'get sleep'은 '수면을 취하다'라는 뜻이에요.

2 It looks like the waiter forgot our order.

3 It looks like my cousin passed the test.

4 It looks like something went wrong.

5 It looks like that couple had a fight.

6 It looks like you just woke up.

7 It looks like the power is out.

8 It looks like you've had a long day.
+ '힘든 하루'는 'a long day'라고 표현하고, '힘든 하루를 보내다'는 'have a long day'라고 해요.

9 It looks like we're completely out of eggs.
+ 'out of ~'는 '~의 밖에'라는 뜻 외에도, '떨어졌다, 소진됐다'라는 의미로 자주 쓰입니다.

10 It looks like you've been working out.
+ 최근 일어난 변화나 경험을 말할 때는 현재완료 시제를 쓰는 게 더 자연스러워요.

» 실전 활용 훈련

11 It looks like they're dating.
+ date는 명사로는 '데이트'라는 의미이지만, 동사로는 '데이트하다'라는 의미로도 써요.

12 It looks like spring is finally here.

13 It looks like everyone went home.

14 It looks like the cafe is closed.

15 It looks like you've lost weight.

Unit 018

» 패턴 집중 훈련

1 If you ask me, you worry too much.

2 If you ask me, this restaurant is overrated.

3 If you ask me, this movie is underrated.
   + overrated/underrated는 어떤 것을 '과대평가/과소평가했다'라는 뜻으로, 리뷰나 평가를 할 때 정말 많이 씁니다.

4 If you ask me, this tastes weird.

5 If you ask me, they're rushing things.

6 If you ask me, our house needs a makeover.
   + 'need a makeover'는 집, 공간, 외모 등에서 '변화가 필요하다, 손질이 필요하다'라는 뜻으로 쓰여요.

7 If you ask me, we made the right choice.

8 If you ask me, you should just let it go.
   + 'let it go'는 '놓아주다, 내려놓다, 미련을 버리다'라는 뜻으로, 감정을 정리할 때 자주 써요.

9 If you ask me, you deserve someone better.
   + deserve는 '~를 하거나 받을 자격이 있다'라는 의미로, 누군가를 응원하거나 격려할 때 사용해 보세요.

10 If you ask me, I handled the situation very well.
   + handle은 명사로는 '손잡이'라는 뜻이지만, 동사로는 '다루다, 처리하다'라는 의미를 가져요.

» 실전 활용 훈련

11 If you ask me, my date talks too much.

12 If you ask me, you're overthinking it.

13 If you ask me, McDonald's is the best fast food place.

14 If you ask me, this neighborhood is perfect for us.

15 If you ask me, they should break up.

Unit 019

» 패턴 집중 훈련

1 I don't know about you, but I desperately need coffee.

2 I don't know about you, but I love rainy days.

3 I don't know about you, but I need a quick break.

4 I don't know about you, but I'm starving.

5 I don't know about you, but I'm not buying it.
   + 'buy'는 '사다'라는 의미도 있지만, 회화에서는 '믿다'라는 뜻으로도 사용해요.

6 I don't know about you, but I don't want to fight anymore.

7 I don't know about you, but I think he did a good job.

8　I don't know about you, but I can't handle the heat.

9　I don't know about you, but I'm already sick of this TV show.
   + sick은 '아픈' 말고도 '질린'이라는 뜻도 있어서, '~에 질린'을 'sick of ~'라고 말할 수 있습니다.

10　I don't know about you, but I like to keep things simple.
   + 'keep things simple'은 '모든 걸 단순하게 생각하고 실행하다'라는 표현입니다.

» 실전 활용 훈련

11　I don't know about you, but I need a drink.

12　I don't know about you, but I hate Mondays.

13　I don't know about you, but I'm ready to go.

14　I don't know about you, but I'm craving something sweet.
   + crave는 '먹고 싶다, 당기다'라는 의미로, 그 뒤에 뭘 먹고 싶은지 바로 나열하면 됩니다.

15　I don't know about you, but I prefer texting to calling.
   + 'A보다 B를 선호하다'라는 유명한 구문 'prefer B to A'을 기억해 주세요.

Unit 020

» 패턴 집중 훈련

1　Chances are he's not coming.

2　Chances are it'll snow tomorrow.

3　Chances are you'll love this movie.

4　Chances are he forgot about today's meeting.
   + '~을 잊다, 깜빡하다'는 'forget about ~'이라고 얘기합니다.

5　Chances are the meeting will run long.
   + 'run long'은 어떤 행사, 회의, 공연이 '예정보다 길어지다'라는 의미로 사용해요.

6　Chances are my parents are already asleep.
   + 'be asleep'은 '이미 잠든 상태이다', '자고 있는 중이다'을 나타냅니다.

7　Chances are you didn't hear it right.

8　Chances are we'll be super tired tomorrow because of today's party.

9　Chances are we'll run into each other again.
   + 'run into ~'는 '~와 우연히 마주쳤다'라는 표현으로 정말 자주 쓰여요.

10　Chances are the exam will be especially hard this year.

» 실전 활용 훈련

11　Chances are they're running late.
   + 'run late'은 '늦다, 지연되다, 지각하다'라는 의미로, 위의 'run long'과는 다른 의미입니다.

12　Chances are she's already left the office.

13　Chances are you won't like the ending to this book.

14　Chances are she didn't recognize you.

15　Chances are your package will arrive tomorrow.

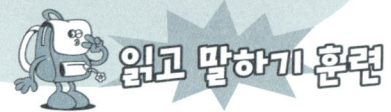

Part 03
상대에 대해 알고 싶을 때 쓰는 패턴

Unit 021

» 패턴 집중 훈련

1. How often do you cry?
2. How often do you go to the gym?
3. How often do you eat out?
   + '외식하다'는 영어로 직역해서 'eat out'이라고 해요.
4. How often do you get delivery?
   + '배달 음식을 시키다'는 'get delivery' 또는 'order delivery'라고 말할 수 있습니다.
5. How often do you check your phone?
6. How often do you see your friends?
7. How often do you feel stressed?
8. How often do you check in on your parents?
   + 'check in on ~'은 '~의 안부를 묻다', '~에게 연락을 해 보다'라는 의미예요.
9. How often do you clean your room?
10. How often do you pull an all-nighter?
    + 공부나 일 때문에 '밤을 새우다'는 'pull an all-nighter'라고 합니다.

» 실전 활용 훈련

11. How often do you check the news?
12. How often do you weigh yourself?
13. How often do you take vitamins?
    + 비타민을 챙겨 먹는 건 'eat vitamins'보다 'take vitamins'가 더 자연스러워요.
14. How often do you watch YouTube?
15. How often do you eat dessert?

Unit 022

» 패턴 집중 훈련

1. Do you ever cry during movies?
2. Do you ever skip breakfast?
3. Do you ever talk to yourself?
   + '~에게 말하다'는 'talk to ~'라고 하는데, 이때 뒤에 yourself를 붙이면 '스스로에게 말하다', 즉 '혼잣말하다'라는 의미가 됩니다.
4. Do you ever wish you had a different job?
5. Do you ever get nervous before meetings?
   + get 뒤에 감정 형용사가 오면 '그 감정을 느끼게 되다'라는 의미예요. 예를 들면 'get angry', 'get tired' 이렇게요.
6. Do you ever zone out during conversations?
   + 'zone out'은 '멍 때리다'라는 뜻입니다.
7. Do you ever avoid calls on purpose?
   + '일부러'라는 의미는 'on purpose'라고 해요.
8. Do you ever compare yourself to others?
9. Do you ever dream in English?
10. Do you ever feel like no one understands you?

» 실전 활용 훈련

11. Do you ever feel jealous of your friends?

12 Do you ever sing in the shower?

13 Do you ever stay up late watching TV?
   + '밤샘'이 'pull an all-nighter'이라면, 늦게까지 안 자는 건 'stay up late'이라고 합니다.

14 Do you ever regret your decisions?

15 Do you ever forget people's names?

Unit 023

» 패턴 집중 훈련

1 What do you usually do on weekends?
   + 특정한 어떤 주말이 아니라, '보통의 주말'을 말할 때는 'on weekends'라고 해요.

2 What do you usually order at Starbucks?
   + 음식을 주문할 때는 order 외에도 get이나 buy를 써도 자연스럽습니다.

3 What do you usually post on Instagram?

4 What do you usually cook for dinner?

5 What do you usually watch on Netflix?

6 What do you usually wear to the office?

7 What do you usually eat for breakfast?

8 What do you usually buy at Costco?

9 What do you usually say to your crush?
   + crush는 '부수다'라는 동사로 많이 알지만, '짝사랑'이라는 명사로도 많이 쓰여요.

10 What do you usually bring to the gym?

» 실전 활용 훈련

11 What do you usually do after work?

12 What do you usually order when you get pizza?
   + when은 '~할 때', while은 '~하는 동안에'로 구분해서 쓰면 좋아요.

13 What do you usually do on your birthday?

14 What do you usually cook on weekends?

15 What do you usually listen to while driving?

Unit 024

» 패턴 집중 훈련

1 How do you feel about this idea?

2 How do you feel about working from home?
   + '재택근무하다'는 'work from home'이에요.

3 How do you feel about your job these days?

4 How do you feel about turning 40?
   + 생일에 나이를 한 살 먹는 건 turn을 써서 'I turned 30.'처럼 말합니다.

5 How do you feel about long-distance relationships?

6 How do you feel about dating apps?

7 How do you feel about moving in with me?

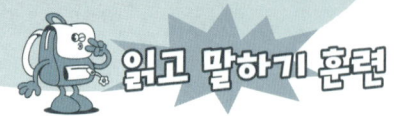

+ 'move in'은 '이사 오다'이고, 'move in with ~'라고 하면 '~와 살러 이사 오다' 또는 '~와 동거하다'라는 뜻이 됩니다.

8 How do you feel about plastic surgery?

9 How do you feel about exes staying friends?

10 How do you feel about going vegan?
+ vegan은 채식주의자(비건)를 나타내는 말로, '채식주의자가 되다'라는 말은 동사 go를 사용해서 'go vegan'이라고 합니다.

» 실전 활용 훈련

11 How do you feel about social media?

12 How do you feel about eating out alone?
+ '혼밥'은 '밖에서 혼자 먹다'라는 의미로, 'eat out alone'이라고 해요.

13 How do you feel about tipping culture?

14 How do you feel about the 4-day work week?

15 How do you feel about meeting my parents?

» 패턴 집중 훈련

1 Have you ever met a celebrity?

2 Have you ever been in love?
+ '사랑에 빠지다'는 'fall in love'이지만, '사랑에 빠져 있는 상태'는 'be in love'라고 합니다.

3 Have you ever missed a flight?

4 Have you ever fallen asleep in class?

5 Have you ever seen a ghost?

6 Have you ever gone on a blind date?
+ '소개팅하다'는 'go on a blind date'라고 합니다. 서로 모르는 사람끼리 하는 데이트라서 blind라는 표현을 써요.

7 Have you ever gotten a bad haircut?

8 Have you ever made someone cry?

9 Have you ever been dumped?
+ dump는 덤프트럭에서처럼 '쓰레기를 버리다'라는 뜻인데, 사람에게 쓰면 '차다/차이다'라는 의미가 됩니다.

10 Have you ever juggled two jobs?
+ juggle은 '저글링하다'라는 의미에서 확장되어, 여러 가지 일을 동시에 하며 바쁜 상황을 말할 때도 씁니다.

» 실전 활용 훈련

11 Have you ever had a pet?

12 Have you ever fallen asleep on the bus?

13 Have you ever tried surfing?

14 Have you ever had a really weird dream?
+ 잘 때 꾸는 '꿈을 꾸다'라는 표현은 'have a dream'이라고 많이 해요.

15 Have you ever wanted to quit everything and travel?

Unit 026

» 패턴 집중 훈련

1. How did you end up in New York?
   + 'end up in New York' 자체가 '결국 뉴욕에 있게 되다(살게 되다)'라는 뜻이라 live를 쓸 필요가 없습니다.

2. How did you end up with two phones?
   + 'end up' 뒤에 전치사 with가 등장하면 '~을 갖게 되다'라는 말이 됩니다. 'end up with a baby', 'end up with debt'처럼 씁니다.

3. How did you end up in this mess?
4. How did you end up working here?
5. How did you end up becoming a teacher?
6. How did you end up spending so much money?
7. How did you end up missing your flight?
8. How did you end up choosing this major?
9. How did you end up moving back in with your parents?
   + 'move in with ~'는 '~와 함께 살기 위해 이사 오다'인데, 중간에 back을 넣으면 '다시'라는 의미가 추가됩니다.
10. How did you end up changing your mind?

» 실전 활용 훈련

11. How did you end up here?
12. How did you end up sleeping in?
    + '늦잠 자다'는 'sleep in' 또는 'oversleep'이라고 할 수 있어요.
13. How did you end up in this class?
14. How did you end up dating your coworker?
    + '사내 연애'는 풀어서 'date a coworker' 또는 'date someone from work'라고 표현합니다.
15. How did you end up living abroad?

Unit 027

» 패턴 집중 훈련

1. What made you move to Korea?
   + '~로 이사하다'는 'move to ~'라고 해요. 'move in(이사 들어오다)'과 'move out(방을 빼다)'도 함께 외워 두면 좋아요.
2. What made you start a YouTube channel?
3. What made you want to become a teacher?
4. What made you fall in love with him?
   + '~와 사랑에 빠지다'는 'fall in love with ~'라고 하는데, 같은 의미로 'fall for ~'도 자주 써요.
5. What made you quit your job?
6. What made you break up with her?
   + 동사 '헤어지다'는 'break up', 명사 '이별'은 'breakup'이라고 해요. '~와 헤어지다'라며 대상을 언급할 때는 'break up with ~'라고 해요.
7. What made you open a café?
8. What made you change careers?
9. What made you smile just now?
10. What made you doubt yourself?

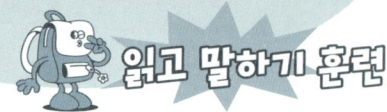

» 실전 활용 훈련

11 What made you say that?
12 What made you pick this restaurant?
  + '고르다'는 pick 말고도 choose를 사용할 수 있습니다.
13 What made you leave so suddenly?
14 What made you come back?
15 What made you work so hard?
  + '열심히'는 부사 hard를 쓰는데, 이때 앞에 so/very/too를 붙여서 '엄청 열심히'라며 강조를 줄 수 있습니다.

9 What got you into real estate?
10 What got you into Pilates?

» 실전 활용 훈련

11 What got you into playing the piano?
12 What got you into musicals?
13 What got you into fashion?
14 What got you into K-pop?
15 What got you into learning English?

Unit 028

» 패턴 집중 훈련

1 What got you into cooking?
2 What got you into makeup?
3 What got you into skincare?
4 What got you into investing?
  + investment는 '투자액, 투자 대상'이고, '투자하는 행위' 자체는 investing을 써야 합니다.
5 What got you into fitness?
  + fitness는 단순히 '운동'보다는 몸을 관리하는 전반적인 활동을 뜻해요. 따라서 운동 루틴, 건강한 식단까지 포함할 수 있습니다.
6 What got you into self-help books?
  + '자기 계발서'는 영어로 'self-help book'이라고 하는데, 여기서 'self-help'는 말 그대로 '자기 스스로를 돕는'이라는 뜻에서 온 말입니다.
7 What got you into journaling?
  + journal은 '일기장'이라는 명사로도 쓰이지만, '일기를 쓰다'라는 동사로도 사용됩니다.
8 What got you into YouTube?

Unit 029

» 패턴 집중 훈련

1 What's the story behind your nickname?
2 What's the story behind this photo?
3 What's the story behind your dog's name?
4 What's the story behind the scar on your hand?
  + 신체 부위에 상처가 나거나 벌레가 앉거나 뭐가 묻거나 할 때에는 내 신체 표면에 일어나는 일이기 때문에 전치사 on을 사용합니다. 즉, 'on my hand', 'on your foot'처럼 표현합니다.
5 What's the story behind your post from last night?
6 What's the story behind your business?
7 What's the story behind your sudden move?
  + move는 동사로 '움직이다, 이사하다'라는 의미가 있지만, 명사로 '이사'라는 의미도 있어요.

8 What's the story behind your breakup?

9 What's the story behind your tattoo?

10 What's the story behind the necklace you always wear?
+ 귀걸이, 목걸이, 반지 같은 액세서리를 착용하는 건 옷과 같이 동사 wear을 사용합니다.

» 실전 활용 훈련

11 What's the story behind this painting?

12 What's the story behind your latest song?
+ '최근'이라는 의미로는 recent도 좋지만, latest로도 표현할 수 있습니다.

13 What's the story behind your YouTube channel name?

14 What's the story behind your profile picture?

15 What's the story behind this decision?

Unit 030

» 패턴 집중 훈련

1 Can I ask what this is?
+ 'Can I ask what this is?'처럼 패턴 뒤에 [주어+동사]가 오는 경우, what은 간접의문을 이끄는 역할을 하고, '~하는 게 무엇인지, 어떤 건지'로 해석됩니다.

2 Can I ask what you do for a living?

3 Can I ask what your major was in college?
+ '대학 시절에'라는 의미로는 'in college'라고 하

고, 만약 '대학교에 있다'라고 위치를 나타낼 때에는 'at college'로 전치사를 구분합니다.

4 Can I ask what your dream was as a kid?
+ '어릴 때'는 'as a kid(아이였을 적에)' 또는 'when I was young(내가 어릴 적에)'이라고 할 수 있습니다.

5 Can I ask what you're thinking about right now?

6 Can I ask what your favorite memory is?

7 Can I ask what your ring means?

8 Can I ask what happened between you two?
+ 'Can I ask what happened?'처럼 패턴 뒤에 [동사]가 오는 경우, what이 '무엇, 무슨 일'이라는 주어 역할을 해서 따로 주어가 필요 없어요.

9 Can I ask what made you move abroad?

10 Can I ask what food you usually eat?
+ 'Can I ask what food you usually eat?'처럼 패턴 뒤에 [명사+주어+동사]가 오는 경우, what이 '어떤, 무슨'이라는 의미의 의문사 역할을 하기 때문에 명사와 붙어 다니고, 그 뒤에는 완전한 문장이 따라옵니다.

» 실전 활용 훈련

11 Can I ask what that noise was?

12 Can I ask what changed your mind?

13 Can I ask what color you like?

14 Can I ask what you did yesterday?

15 Can I ask what made you cry earlier?

Part 04
상대와 친해지기 위해 공감/반응할 때 쓰기 좋은 패턴

Unit 031

» 패턴 집중 훈련

1 That must be exciting for you.
   + '~에게 신난다(be exciting for ~)', '~에게 짜증나다(be frustrating for ~)'처럼 감정을 -ing형으로 쓴 뒤에 for을 붙여 주면 '~에게 그런 감정이 들다'라는 뉘앙스가 돼요.

2 That must be so frustrating for everyone.

3 That must be a bit awkward.

4 That must be a relief.
   + relief는 '안도감'이라는 명사이고, 동사로는 relieve(안도하다)라고 합니다.

5 That must be a big change for them.

6 That must be tough on you.
   + '~에게 힘들다'는 'be tough on ~'입니다.

7 That must be hard to do.
   + '~하기에 어렵다'는 'be hard to ~' 구조를 써서, 'be hard to understand(이해하기 어렵다)', 'be hard to read(읽기 어렵다)' 이렇게 응용할 수 있어요.

8 That must be a proud moment for your kid.

9 That must be such a good memory.

10 That must be a huge dilemma.

» 실전 활용 훈련

11 That must be exhausting.

12 That must be tasty.

13 That must be so stressful.

14 That must be a huge challenge for you.

15 That must be overwhelming as a mom.
   + overwhelming은 '압도적인, 벅찬'이라는 의미로, 어떤 것에 압도될 때나 감정이 크게 몰려올 때 자주 쓰입니다.

Unit 032

» 패턴 집중 훈련

1 You seem tired today.

2 You seem a bit down these days.
   + '조금'의 뉘앙스를 나타낼 때는 'a bit', 'a little' 등을 사용합니다. 반대로 '엄청, 정말'과 같은 강조로는 really, very, so, way 등을 씁니다.

3 You seem distracted lately.

4 You seem really passionate about this.

5 You seem surprised at this news.

6 You seem upset about something.

7 You seem a little off today.

8 You seem like a kind person.
   + like를 붙이면 '~처럼, ~같은'이라는 의미로, 비유할 때 주로 사용합니다. 예를 들면, 'like a genius'처럼 뒤에 [명사]만 오면 '천재 같은'이라는 의미이고, 'like you know everything'처럼 뒤에 [주어+동사]가 오면 '네가 다 아는 것처럼'이라는 복잡한 문장을 만들 수 있습니다.

9 You seem like you need a break.

10 You seem like someone I can trust.

» 실전 활용 훈련

11 You seem stressed.

12 You seem more confident lately.

13 You seem way more relaxed now.

14 You seem happy about something.

15 You seem like you've been through a lot.
+ 'have been through'는 '(힘든 일을) 겪다'라는 의미로, 회화에서 정말 자주 사용합니다.

Unit 033

» 패턴 집중 훈련

1 I can imagine the pressure.

2 I can imagine her reaction.

3 I can imagine living abroad.

4 I can imagine working late every night.

5 I can imagine it was hard for you.
+ [주어+동사]가 올 때는 앞에 that을 붙이지만, 생략해도 자연스러워요.

6 I can imagine you were really upset.

7 I can imagine raising kids is tough.

8 I can imagine how hard it was.
+ 의문사 how, why, what 등을 붙이면 공감의 강도를 더 살릴 수 있습니다. 여기서의 how는 '어떻게'가 아니라, [how+형용사]로 쓰여서 '얼마나'라는 의미를 갖습니다.

9 I can imagine why you did that.

10 I can imagine what you're going through.

» 실전 활용 훈련

11 I can imagine it wasn't easy.

12 I can imagine missing home a lot.

13 I can imagine why you said that.

14 I can imagine how proud you are.

15 I can imagine how stressful that is.

Unit 034

» 패턴 집중 훈련

1 It's giving rich auntie vibes.
+ vibe는 분위기나 느낌을 말할 때 쓰고, 보통 복수형 vibes로 많이 씁니다.

2 It's giving old money look.
+ look은 겉으로 보이는 외모나 스타일, 패션을 묘사할 때 주로 쓰여요.

3 It's giving Pinterest aesthetic.
+ aesthetic은 감각적인 분위기나 스타일을 뜻하는 말로, 쉽게 말해 '감성'이에요.

4 It's giving idol airport fashion.

5 It's giving main character energy.
+ energy는 사람이나 상황에서 풍기는 기운이나 인상을 나타낼 때 자주 써요.

6 It's giving 90s nostalgia.

7 It's giving boss vibes.

8 It's giving red flags.

9 It's giving CEO energy.

10 It's giving bestie material.
+ material은 '~에 적합한 사람'이라는 의미로, 'bestie material(베프를 할 만한 사람)'처럼 쓰여요.

» 실전 활용 훈련

11 It's giving vacation mode.

12 It's giving staycation vibes.

13 It's giving cozy autumn night.

14 It's giving first date outfit.

15 It's giving festival vibes.

Unit 035

» 패턴 집중 훈련

1 I've been meaning to ask how your trip went.
  + "How did it go?"는 "어땠어?"라고 물을 때 가장 흔하게 쓰이는 표현이에요. 상황에 따라 it 자리에 다양한 단어를 넣어서 쓸 수 있어요.

2 I've been meaning to ask how you've been.

3 I've been meaning to ask when your birthday is.

4 I've been meaning to ask how your parents are doing.

5 I've been meaning to ask what kind of music you like.

6 I've been meaning to ask if you're okay.

7 I've been meaning to ask if you're free this weekend.

8 I've been meaning to ask if you're still working at that place.

9 I've been meaning to ask if you want to grab lunch sometime.
  + '점심을 먹다'를 표현할 때는 'eat lunch'보다 'have/grab lunch' 더 자연스럽습니다.

10 I've been meaning to ask if you watched the new episode.

» 실전 활용 훈련

11 I've been meaning to ask who you were with.

12 I've been meaning to ask where you got your jacket.
  + '사다, 구매하다'라는 의미로는 buy만큼이나 get도 많이 사용합니다.

13 I've been meaning to ask if you have weekend plans.

14 I've been meaning to ask if you need any help with that.
  + '~를 도와주다'는 'help with ~' 구조로 꼭 외워두세요.

15 I've been meaning to ask how you did this.

Unit 036

» 패턴 집중 훈련

1 I couldn't help but think of you.

2 I couldn't help but feel proud of you.
  + '누군가를 자랑스럽게 여기다'는 'be proud of ~' 또는 'feel proud of ~'라고 해요.

3 I couldn't help but smile when you said that.

4 I couldn't help but feel the same way.

5 I couldn't help but laugh with you.

6 I couldn't help but agree with you.

7 I couldn't help but admire your honesty.

8 I couldn't help but notice how tired you looked.
   + 내가 관찰한 걸 말할 때에는 이 패턴의 연장선에서 'I couldn't help but notice how ~(~해 보이는 걸 알아차릴 수밖에 없었어)'까지 외워서 사용해 보세요.

9 I couldn't help but be impressed by your work.
   + 'be impressed by ~'는 '~에 감명 받다', '~에 감동하다'라는 뜻이에요. 물건뿐 아니라 사람을 칭찬할 때도 쓰입니다.

10 I couldn't help but wonder if you were okay.
   + 'wonder if ~'는 '~한지 궁금하다'라는 표현으로, 뭔가를 걱정하거나 조심스럽게 질문할 때도 자주 활용합니다.

» 실전 활용 훈련

11 I couldn't help but care.
12 I couldn't help but trust you.
13 I couldn't help but share this with you.
   + 'A와 B를 공유하다'는 'share B with A' 구조를 기억하고 사용해 보세요.
14 I couldn't help but worry about your business.
15 I couldn't help but notice your new haircut.

Unit 037

» 패턴 집중 훈련

1 I just wanted to say thank you for your help.
   + 고맙다고 할 때는 'thank you for ~'를 기억하세요. 뒤에는 명사나 동명사(-ing)가 옵니다.

2 I just wanted to say I'm really proud of you.

3 I just wanted to say sorry if I hurt your feelings.
   + 'hurt someone's feelings'는 '누군가의 마음을 상하게 하다'라는 뜻이에요.

4 I just wanted to say I'm always here for you.
   + "I'm always here for you."는 "난 언제나 네 편이야."라는 의미의 따뜻한 말이에요.

5 I just wanted to say good luck on your interview.

6 I just wanted to say you're doing an amazing job.

7 I just wanted to say I had a great time today.

8 I just wanted to say you looked great today.

9 I just wanted to say congratulations on your promotion.
   + 시험, 인터뷰 등을 앞둔 사람을 응원할 때에는 'good luck on ~', 축하할 일에는 'congratulations on ~'을 쓰면 됩니다.

10 I just wanted to say you mean a lot to me.
   + "You mean a lot to me."는 "너는 내게 큰 의미야."로 직역되는데, 편하게는 "넌 내게 정말 소중한 사람이야."라는 표현으로 자주 씁니다.

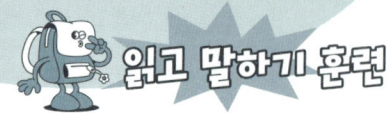

» 실전 활용 훈련

11 I just wanted to say I hope you have a great day.
12 I just wanted to say you inspire me.
13 I just wanted to say I care about you.
14 I just wanted to say I appreciate your time.
15 I just wanted to say your words meant a lot.

Unit 038

» 패턴 집중 훈련

1 Is it just me, or does time fly on weekends?
  + "Time flies."는 "시간이 금방 간다."라는 의미로, 주로 즐거운 일로 시간이 빨리 지나갔을 때 자주 써요.
2 Is it just me, or is this coffee extra strong today?
3 Is it just me, or is everyone getting married these days?
4 Is it just me, or does pineapple actually taste good on pizza?
  + actually는 놀람이나 반전을 강조할 때 쓰입니다. 예를 들어, "This is actually good."이라고 하면 '생각보다 괜찮은데.'라는 의미를 가져요.
5 Is it just me, or do handwritten letters feel extra special?
  + 감정이나 상태를 표현할 때는 [feel+형용사] 구조를 기억하세요.
6 Is it just me, or does food taste way better when someone else makes it?
7 Is it just me, or do Mondays feel super long?
8 Is it just me, or is Netflix way too addictive?
  + addictive, addicting 모두 '중독성이 있는'이라는 뜻이지만, addictive가 더 흔히 쓰입니다.
9 Is it just me, or are 90s songs still the best?
10 Is it just me, or does scrolling on TikTok make time disappear?

» 실전 활용 훈련

11 Is it just me, or is the weather kind of weird lately?
12 Is it just me, or is kimbap kind of soul food for us Koreans?
13 Is it just me, or is texting better than calling?
14 Is it just me, or is small talk draining?
  + draining은 동사 drain(물을 빼내다)에서 파생되어 '에너지를 소모시키는', '피곤하게 하는'이라는 뜻이에요.
15 Is it just me, or is it harder to make friends as an adult?

Unit 039

» 패턴 집중 훈련

1 What's going on with you lately?
2 What's going on with your phone?
3 What's going on with your family?
4 What's going on with your mood today?

5 What's going on with your skin these days?

6 What's going on with her and her boyfriend?

7 What's going on with your sleep schedule?

8 What's going on with your eating habits?
  + 생활 습관을 말할 때는 'eating habits(식습관)', 'sleep schedule(수면 패턴)'처럼 씁니다.

9 What's going on with the girl you were seeing?
  + 'see someone'은 누군가를 눈으로 '보는' 것뿐 아니라 '~와 연애하다'라는 의미로 자주 쓰여요.

10 What's going on with your moving situation?
  + 'moving situation'은 사전적 의미가 있는 단어는 아니지만 회화에서 많이 써요. 이사를 갈지 말지, 어디로 갈지 고민하는 상황을 뜻해요.

» 실전 활용 훈련

11 What's going on with your work?

12 What's going on with your car?

13 What's going on with your relationship?
  + relationship은 연애뿐 아니라 모든 인간 관계를 말할 수 있어요.

14 What's going on with BlackPink these days?

15 What's going on with your Instagram?

 Unit 040

» 패턴 집중 훈련

1 That sounds like so much fun.

2 That sounds like a great plan.

3 That sounds like an ideal weekend.
  + ideal은 '이상적인'이라는 형용사로 많이 써요.

4 That sounds like something I'd love.
  + 'something I'd love'는 'something I would love'를 축약한 것으로, '내가 좋아할 만한 것'이라는 의미입니다.

5 That sounds like a dream come true.

6 That sounds like an amazing experience.

7 That sounds like a lot to handle.
  + 'a lot to handle'은 감정적으로 또는 물리적으로 '감당하기 힘든 일'을 의미합니다.

8 That sounds like a stressful situation.

9 That sounds like a tough decision.

10 That sounds like something worth thinking about.
  + worth는 '~할 가치가 있다'라는 의미입니다. 따라서 'worth thinking about'은 '생각해 볼 가치가 있다', '고려해 볼 만하다'라고 해석합니다.

» 실전 활용 훈련

11 That sounds like a delicious meal.

12 That sounds like a great date.

13 That sounds like a lot of fun with your friends.
  + 'a lot to ~' 뒤에는 동사가 와서 '~할 게 많다'라는 의미를 갖는다면, 'a lot of ~' 뒤에는 명사가 와서 '많은 어떤 것'이라는 의미를 갖습니다.

14 That sounds like something you'll never forget.

15 That sounds like a complicated situation.

Part 05
**자연스럽게 제안하고
동의/허락을 구하는 패턴**

Unit 041

» 패턴 집중 훈련

1 It would be great if we could meet again.

2 It would be great if you could make it.
   + 'make it'은 '만들다' 말고도 '해내다', '달성하다' 또는 '참석하다'라는 뜻으로도 자주 쓰여요.

3 It would be great if you could help me.

4 It would be great if you could call me later.

5 It would be great if I could bring a friend.

6 It would be great if I could go home early today.

7 It would be great if you could join us.

8 It would be great if you could explain that again.

9 It would be great if you could send me that email.

10 It would be great if we could have pizza for dinner.

» 실전 활용 훈련

11 It would be great if we could have lunch together.

12 It would be great if you could come on time.
   + 약속에 늦지 않고 맞춰서 도착하면 'on time(제시간에)'이라고 표현합니다.

13 It would be great if you could make the bed every morning.
   + 'make the bed'는 '침대를 짓는다'는 의미가 아니라, '침대를 정리하다'라는 뜻이에요. 깨끗하게 치운다고 해서 clean을 쓰면 어색합니다.

14 It would be great if you could pick me up on your way.
   + 누군가를 데리러 가거나 픽업해서 내 차에 태우는 것은 'pick (someone) up'으로 표현해요. 구동사 'pick up' 사이에 대상을 넣으면 됩니다.

15 It would be great if we could plan a summer vacation together.

Unit 042

» 패턴 집중 훈련

1 How about grabbing some coffee later?

2 How about taking a break?

3 How about meeting around 3 p.m.?

4 How about watching a movie tonight?

5 How about ordering in?
   + 미국에서는 배달 음식을 시킬 때 'order in'이라고 표현합니다.

6 How about we cook dinner at home?

7 How about I go first?
+ 'go first'는 '먼저 가다'라는 뜻 외에도 '먼저 해 보다', '먼저 시작하다'라는 의미로도 쓰여요.

8 How about we talk over lunch?
+ 'talk over ~'는 '~하면서 얘기를 나누다'라는 의미로, 주로 'talk over coffee', 'talk over lunch' 이렇게 표현합니다.

9 How about we just enjoy the moment?

10 How about we change the subject?

» 실전 활용 훈련

11 How about we go together?
12 How about I call you later?
13 How about a camping trip?
14 How about a movie night at my place?
+ 미국에서는 저녁에 집에서 가족, 친구들과 모여 하는 활동에 night을 붙여 'movie night', 'game night'처럼 표현합니다.

15 How about dinner just the two of us?

» 패턴 집중 훈련

1 Are you up for going out this weekend?
2 Are you up for a night walk after dinner?
3 Are you up for a gym session later?
4 Are you up for studying together at the café?
5 Are you up for volunteering this weekend?
6 Are you up for a movie marathon?
+ 영화나 드라마를 몰아 보거나 정주행하는 걸 'movie marathon'이라고 해요.

7 Are you up for a spontaneous road trip?
+ spontaneous는 '즉흥적인, 계획 없이 하는'이라는 의미입니다.

8 Are you up for taking a break from social media?

9 Are you up for a digital detox this week?
+ 요즘 스마트폰이나 인터넷을 잠시 끊고 시간을 보내는 걸 '디지털 디톡스'라고 하는데, 영어 'digital detox'에서 온 거예요.

10 Are you up for moving in together?

» 실전 활용 훈련

11 Are you up for dinner after work?
12 Are you up for meeting my parents?
13 Are you up for joining our book club?
14 Are you up for brainstorming ideas with me?
+ brainstorm은 '브레인스토밍하다, 아이디어를 공유하다'라는 의미입니다.

15 Are you up for cooking dinner together?

» 패턴 집중 훈련

1 Do you feel like trying something new?

+ try는 새로운 걸 해 보는 것, 먹어 보는 것, 입어 보는 것 등 그 어떤 것이든 새롭게 시도할 때 단골로 사용하는 단어입니다.

2 Do you feel like ordering pizza tonight?

3 Do you feel like venting a little?
+ vent는 정말 자주 사용되는 단어인데, '감정을 털어놓다, 쏟아 내다'라는 의미로, 누군가에게 '얘기를 털어놓다'라는 맥락으로 사용해요.

4 Do you feel like being alone today?

5 Do you feel like hanging out?
+ 친구를 만나서 시간을 보내고 노는 걸 'hang out'이라고 말할 수 있어요. play는 보통 어린 이들이 노는 것을 일컫습니다.

6 Do you feel like talking about it?

7 Do you feel like working on this now?
+ 'work on ~'은 기본적으로 '~에 관련된 일을 하다'라는 의미가 있고, 더 나아가서는 '~에 노력을 들이다, 공들이다, 애쓰다'라는 의미까지 갖습니다.

8 Do you feel like celebrating tonight?

9 Do you feel like dressing up for the party?
+ 'dress up'은 꾸미거나 차려입는 것을 말하고, 반대로 'dress down'은 캐주얼하게 입는 걸 말합니다.

10 Do you feel like finishing your homework first?

» 실전 활용 훈련

11 Do you feel like joining us for lunch?

12 Do you feel like apologizing?

13 Do you feel like studying for the exam?

14 Do you feel like going to the beach?

15 Do you feel like grabbing dinner later?

Unit 045

» 패턴 집중 훈련

1 I was thinking we could take a day off next week.

2 I was thinking we could get matching hoodies.

3 I was thinking we could invite them over.
+ invite은 단순히 '초대하다'라는 의미라면, 'invite over'은 '자기 집으로 초대하다'라는 의미가 부여됩니다.

4 I was thinking we could just chill at home today.
+ 집에서 아무것도 안하고 쉬는 건 rest보다 chill을 쓰는 게 더 자연스러워요. rest는 보통 제대로 준비를 하고 휴식을 취할 때 사용합니다.

5 I was thinking we could split the bill.
+ '더치페이 하다'는 영어로 '계산서를 쪼개다', 즉 'split the bill'이라고 해요. '더치페이'라는 단어 자체를 영어에서는 잘 쓰지 않습니다.

6 I was thinking we could set some goals for the new year.

7 I was thinking we could make this a weekly thing.
+ 'make this a weekly thing'은 회화에서 흔히 사용하는 표현인데, 어떤 활동을 매주 정기적으로 반복한다는 말이에요.

8 I was thinking we could paint the walls gray.

9   I was thinking we could get some fresh air.
    + 답답하거나 잠깐 쉬는 시간에 바람 쐬러 나가는 걸 영어로는 'get some fresh air'라고 합니다.

10 I was thinking we could start earlier tomorrow.

» 실전 활용 훈련

11 I was thinking we could talk to our professor about this.
12 I was thinking we could go for a walk.
13 I was thinking we could go shopping for mom's gift together.
14 I was thinking we could work out every day.
15 I was thinking we could get some coffee later.

9   Am I allowed to ask why?
10 Am I allowed to post this on Instagram?
    + '인스타그램에 올리다'는 'post on Instagram'이라고 할 수 있어요. 매체나 소셜미디어 플랫폼 앞에는 무조건 on이 오는 걸 기억하세요.

» 실전 활용 훈련

11 Am I allowed to try it on?
    + 구동사 'try on'은 '입어 보다'라는 표현으로, 쇼핑할 때 꼭 알아 두면 좋아요.
12 Am I allowed to bring some food?
13 Am I allowed to change my order?
14 Am I allowed to work from home?
    + 재택근무는 '집에서 일하다'라는 의미에서 영어로는 'work from home'이라고 합니다.
15 Am I allowed to bring my dog?

(Unit 046)

» 패턴 집중 훈련

1   Am I allowed to bring a friend?
    + bring은 '(사물을) 가져오다'뿐 아니라 '(사람을) 데려오다'라는 의미로도 사용합니다.
2   Am I allowed to record this?
3   Am I allowed to eat in here?
4   Am I allowed to cancel anytime?
5   Am I allowed to ask personal questions?
6   Am I allowed to leave my stuff here?
7   Am I allowed to use your charger?
8   Am I allowed to see the results?

(Unit 047)

» 패턴 집중 훈련

1   Is it okay to sit here?
2   Is it okay to eat this?
3   Is it okay to park here?
4   Is it okay to bring a friend?
5   Is it okay to leave now?
6   Is it okay to use your laptop?
7   Is it okay to bring in outside food?
    + 반입하는 건 '갖고 오다'라는 의미로 'bring in'이라고 합니다.
8   Is it okay to take a picture?
9   Is it okay to touch this?

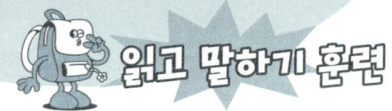

10 Is it okay to walk around at night?
+ walk이 '걷다'라는 의미라면, 'walk around'는 '돌아다니다'라는 의미가 됩니다.

» 실전 활용 훈련

11 Is it okay to open the window?
12 Is it okay to send the email now?
13 Is it okay to take a break?
+ rest가 '휴식하다'라는 의미라면, 'take a break'는 '쉬는 시간을 갖다, 잠깐 쉬다'라는 의미로 일상에서 더 편하게 쓸 수 있습니다.

14 Is it okay to leave the door unlocked?
+ 문을 잠그지 않는 것은 'leave the door unlocked(문을 안 잠근 채로 두다)'라고 풀어서 말해야 합니다.

15 Is it okay to pay with a credit card?
+ 지불 수단을 얘기할 때에는 'pay with ~(~로 지불하다, 결제하다)'를 씁니다.

Unit 048

» 패턴 집중 훈련

1 Let's go with the spicy one.
2 Let's go with the chef's special.
3 Let's go with takeout today.
4 Let's go with something bold this time.
+ 'something+형용사' 구조는 정확하게는 모르지만 '~한 것'을 의미합니다. 예를 들어, 단게 먹고 싶은데 특정하지 않을 때에는 "I want something sweet."이라고 합니다.

5 Let's go with the modern look.
6 Let's go with a cozy vibe.
+ '분위기'를 말할 때 주로 environment(환경)를 떠올리기 쉬운데, 회화에서는 vibe라는 말을 훨씬 많이 사용합니다.

7 Let's go with the flow.
+ 'go with the flow'는 일상에서 정말 많이 사용하는데, 계획 없이 상황에 알맞게 물 흘러가듯이 흐름에 맡기자는 의미입니다.

8 Let's go with what feels right.
9 Let's go with Airbnb instead of a hotel.
10 Let's go with your gut feeling.
+ gut은 사람 몸의 '배'를 의미하기도 하지만 '직감'이라는 의미도 있습니다. 직감대로 하자고 할 때에는 gut 또는 gut feeling을 써 보세요.

» 실전 활용 훈련

11 Let's go with the cheaper hotel.
12 Let's go with something relaxing.
13 Let's go with what makes us happy.
+ 'what+(주어)+동사' 구조는 '~하게 하는 것'으로 해석됩니다. 'what makes us happy'는 '우리를 행복하게 하는 것'이 되죠.

14 Let's go with an early flight.
15 Let's go with the simpler design.

Unit 049

» 패턴 집중 훈련

1 Why don't we try that new café down the street?
2 Why don't we cook something at home tonight?
3 Why don't we take turns doing the

dishes?

+ 'take turns -ing'라고 하면 '번갈아 가면서 ~ 하다'라는 의미로, 예를 들어 "나랑 번갈아 가면서 운전하자."라고 할 때는 "Let's take turns driving." 이렇게 말할 수 있어요.

4 Why don't we write it down?
5 Why don't we look it up online?

+ 'look up'은 '위를 보다'라는 의미도 있지만, '검색해 보다'라는 의미로도 많이 사용합니다.

6 Why don't we sleep on it and decide tomorrow?

+ 원어민이 정말 많이 쓰는 숙어 중에 'sleep on it'이 있는데, '그 위에서 자다'라고 직역되듯이, 어떤 고민거리가 있을 때 바로 결정하지 않고 하루 더 생각해 본다는 의미로 사용됩니다.

7 Why don't we talk it out?
8 Why don't we throw him a little party?

+ '누군가를 위해 파티를 열다'라고 할 때는 'throw (someone) a party'라고 합니다.

9 Why don't we sign up for an English class?
10 Why don't we call it a day?

+ "Call it a day."는 "오늘은 여기까지 하자."라는 관용적 표현이에요. 업무, 미팅, 활동 등 어떤 걸 마무리할 때 자주 써요.

» 실전 활용 훈련

11 Why don't we clean up together?
12 Why don't we meet again next week?
13 Why don't we do laundry this weekend?
14 Why don't we book the tickets right now?

15 Why don't we get together this Friday night?

» 패턴 집중 훈련

1 I was wondering if you were busy.
2 I was wondering if you had a pen.
3 I was wondering if you liked Korean food.
4 I was wondering if you could help me.

+ could는 can으로 대체가 가능하지만, could가 더 공손하게 들립니다.

5 I was wondering if you were free tomorrow.

+ 시간이 되는지 물을 때에는 "Are you free?"라고 합니다.

6 I was wondering if I could borrow your car.
7 I was wondering if you had time to talk.

+ '~할 시간'을 얘기할 때에는 'time to ~'를 사용해서 'time to talk(얘기할 시간)', 'time to sleep(잘 시간)' 등으로 말할 수 있어요.

8 I was wondering if you've seen my keys.
9 I was wondering if you knew the time.

+ 몇 시인지 아냐고 물을 때에는 "Do you know the time?" 표현을 활용합니다.

10 I was wondering if you've heard of BTS.

+ 어떤 것에 대해 들어 본 적 있는지 물을 때에는 "Have you heard of ~?"를 활용합니다.

listen을 사용하면 절대 안 돼요.

» 실전 활용 훈련

11 I was wondering if I could borrow your book.

12 I was wondering if I could park here.

13 I was wondering if I could leave work early tomorrow.

14 I was wondering if we could reschedule the meeting.

15 I was wondering if you knew the answer to this question.

Part 06
상대방을 배려하며 부탁할 수 있는 패턴

Unit 051

» 패턴 집중 훈련

1 I'd appreciate it if <u>you'd save me a seat</u>.
  + would를 사용하면 '~해 준다면'이라는 의미가 돼요.

2 I'd appreciate it if <u>you could grab me a coffee on your way back</u>.
  + could를 사용하면 '~해 줄 수 있다면'이라는 의미가 됩니다. 'grab me a ~'는 '~을 사다 줘', '~을 가져다줘'라는 의미입니다.

3 I'd appreciate it if <u>you could drive this time</u>.

4 I'd appreciate it if <u>you'd give me a little more time</u>.

5 I'd appreciate it if <u>you didn't leave the dishes in the sink</u>.

6 I'd appreciate it if <u>you could wake me up tomorrow morning</u>.

7 I'd appreciate it if <u>you'd let me know what time you're free</u>.

8 I'd appreciate it if <u>you didn't tell anyone</u>.

9 I'd appreciate it if <u>you could help me carry these bags</u>.

10 I'd appreciate it if <u>you didn't talk so loudly</u>.

» 실전 활용 훈련

11 I'd appreciate it if you could pick up some milk on your way home.

12 I'd appreciate it if you'd double-check that for me.
  + 다시 확인하는 건 'double-check'라고 말할 수 있어요.

13 I'd appreciate it if you could give me a moment to think.

14 I'd appreciate it if you could take care of this as soon as possible.
  + 'take care of ~'는 '~을 해결하다, 처리하다'라는 의미로 사용돼요.

15 I'd appreciate it if you didn't park in front of my house.

Unit 052

» 패턴 집중 훈련

1 It would mean a lot if <u>you listened to me</u>.

2 It would mean a lot if you believed in me.

3 It would mean a lot if you supported my decision.

4 It would mean a lot if you visited me sometime.

5 It would mean a lot if you made time for me.
   + 누군가를 위해 시간을 내는 건 'make time for ~'라고 말할 수 있어요.

6 It would mean a lot if you stayed for dinner.
   + 'stay for dinner'은 '저녁까지 먹고 가다'라는 의미로 알아 두세요.

7 It would mean a lot if you talked to her for me.

8 It would mean a lot if you kept this a secret.
   + 'keep a secret'은 '비밀을 지키다, 비밀로 하다'라는 의미예요.

9 It would mean a lot if you gave me a second chance.
   + 'second chance'는 '두 번째 기회'라는 뜻이고, '다시 한 번의 기회'로도 활용합니다.

10 It would mean a lot if you shared this with your friends.

» 실전 활용 훈련

11 It would mean a lot if you told me the truth.

12 It would mean a lot if you respected my taste.

13 It would mean a lot if you gave me your honest opinion.

14 It would mean a lot if you remembered my birthday.

15 It would mean a lot if you stayed in touch.
   + 'stay in touch'는 '연락하고 지내다'라는 의미입니다.

Unit 053

» 패턴 집중 훈련

1 I'd love your input on our weekend plans.

2 I'd love your input on this outfit.
   + 입고 있는 '착장, 의상'은 clothes, fashion이라고 하지 않고 outfit이라고 해야 자연스러워요.

3 I'd love your input on where we should go for lunch.

4 I'd love your input on what to order for dinner.

5 I'd love your input on which photo looks better for Instagram.
   + 어떤 사진이 더 잘 나왔는지 물을 때는 'which photo looks better'을 활용해 주세요.

6 I'd love your input on what gift to get Jessica.

7 I'd love your input on what movie to watch tonight.

8 I'd love your input on my resume before I submit it.
   + '이력서'는 영어로 'resume'라고 합니다. 발음을 '레쥬메'라고 하면 돼요.

9 I'd love your input on how to manage our time better.

10 I'd love your input on how to handle this tricky situation.

+ 'tricky'는 '다루기 힘든, 까다로운, 곤란한'이라는 의미의 형용사예요.

» 실전 활용 훈련

11 I'd love your input on how to approach this problem.
12 I'd love your input on my book design.
13 I'd love your input on which song to play at my wedding.
14 I'd love your input on the menu for the party.
15 I'd love your input on how we can improve our customer service.

Unit 054

» 패턴 집중 훈련

1 Would you mind waiting a few minutes?
2 Would you mind taking a photo of us?
3 Would you mind reviewing this document?
4 Would you mind taking a quick look at this?
  + 'take a look'은 '살펴보다', '들여다보다'라는 의미로, quick을 붙임으로써 '살짝 들여다보다'라는 의미가 됩니다.
5 Would you mind covering for me tomorrow?
  + 'cover for ~'은 '~를 대신해서 일하다'라는 의미로, 누가 빠졌는지 알지 못할 정도로 일을 대신 맡아 주는 걸 표현합니다.

6 Would you mind helping me with dinner?
7 Would you mind watching my bag for a second?
8 Would you mind moving over a little?
  + over은 다양한 역할을 할 수 있어요. 'move over'은 '몸을 비키다, 자리를 비키다'라는 의미이고, 'stay over'은 '~에 머무르다, 하루 자고 가다'라는 의미가 됩니다.
9 Would you mind if I left a little early today?
10 Would you mind if I stayed over tonight?

» 실전 활용 훈련

11 Would you mind printing this out for me?
12 Would you mind picking me up later?
13 Would you mind watching my dog this weekend?
14 Would you mind if I asked you a question?
15 Would you mind if I joined your table?

Unit 055

» 패턴 집중 훈련

1 Do you think you could remind me later?
2 Do you think you could grab me a coffee?

+ grab은 '잡다'뿐 아니라 '가서 사 오다', '가서 가져오다'의 의미로도 자주 쓰여요.

3 Do you think you could **check my email for me?**

4 Do you think you could **introduce me to him?**

+ 'A를 B에게 소개해 주다, 인사시켜 주다'는 'introduce A to B'라고 합니다.

5 Do you think you could **fix this for me?**

6 Do you think you could **make a reservation for us?**

7 Do you think you could **bring your laptop?**

8 Do you think you could **clean up a little?**

+ clean만 써도 되지만 'clean up'은 좀 더 자연스러운 느낌이에요. 이 뒤에 'a little'을 붙여 주면 덜 명령조처럼 들립니다. "청소해 줄래?"와 "청소 좀 해 줄래?" 정도의 차이로 볼 수 있습니다.

9 Do you think you could **write me a letter of recommendation?**

10 Do you think you could **let me know by tomorrow?**

» 실전 활용 훈련

11 Do you think you could watch my stuff for a minute?

12 Do you think you could meet me at the café?

13 Do you think you could water my plants while I'm away?

14 Do you think you could give me a ride?

+ "Give me a ride."는 "차 좀 태워 줘."라는 표현으로 매우 자주 쓰여요. 여기서 ride는 '태워 주는 것'이라는 의미의 명사입니다.

15 Do you think you could send me the file?

 Unit 056

» 패턴 집중 훈련

1 Just so you know, **I'll be a bit late.**

2 Just so you know, **I might need your help later.**

3 Just so you know, **it might take longer than we expected.**

4 Just so you know, **I might ask you for a favor later.**

5 Just so you know, **there's a typo on page 3.**

+ 오타는 영어로 typo라고 합니다. typographical error(타이핑 실수)을 줄여서 탄생한 단어입니다.

6 Just so you know, **I'll need those files by Friday.**

7 Just so you know, **I'm counting on you.**

+ 'count on ~'은 '~를 믿고 의지하다'라는 말이에요. "날 믿어 봐."라고 할 때 "You can count on me."라고 합니다.

8 Just so you know, **the deadline is next Monday.**

9 Just so you know, **my car is running out of gas.**

+ 'be out of ~'는 '~가 다 떨어지다'라는 표현입니다. '거의 다 떨어져 간다'고 말하고 싶을 때는 'run out of ~'를 사용합니다.

읽고 말하기 훈련

10 Just so you know, the meeting starts at 9 a.m.

» 실전 활용 훈련

11 Just so you know, I'll be out of the office tomorrow.

12 Just so you know, I'm not very good with technology.

13 Just so you know, I might need to leave early.

14 Just so you know, we're out of milk.

15 Just so you know, we might have to change before we go.
  + change는 '~를 바꾸다'라는 의미뿐만 아니라 '옷을 갈아입다'라는 의미도 씁니다.

Unit 057

» 패턴 집중 훈련

1 I totally understand if you need more time.

2 I totally understand if you can't make it tonight.
  + 'make it'은 여기서 '그것을 만들다'가 아니라 '참석하다, 오다'라는 의미로 쓰였습니다.

3 I totally understand if you've changed your mind.

4 I totally understand if you can't lend it to me.
  + 'A를 B에게 빌려주다'라는 표현은 'lend A to B' 또는 'lend B A' 이렇게 말할 수 있어요. 예를 들면, 'lend the pen to him'과 'lend him the pen'은 같은 의미를 갖습니다.

5 I totally understand if you're not up for it.
  + 'be up for it'은 일상에서 정말 많이 쓰이니 꼭 통으로 외워 두세요. '~할 마음이 있다', '~할 의향이 있다'라는 의미이고, 반대로 '~할 의향이 없다'라고 할 때는 'be not up for it'이라고 말하면 됩니다.

6 I totally understand if it's too much to ask.

7 I totally understand if you already have plans.
  + '선약이 있다'라는 말은 '이미 약속이 있다'라는 말로, 'already have plans'라고 합니다.

8 I totally understand if you can't stay longer.

9 I totally understand if it's inconvenient for you.

10 I totally understand if you say no.

» 실전 활용 훈련

11 I totally understand if you're too busy to help.

12 I totally understand if you need to cancel.

13 I totally understand if you don't feel ready yet.

14 I totally understand if you need some space.
  + 'need space'라는 표현은 '공간이 필요하다', 즉 혼자만의 공간이나 시간이 필요하다는 의미입니다. 특히 인간 관계에서 혼자만의 시간이 필요할 때 많이 등장해요.

15 I totally understand if you can't finish it by today.

Unit 058

» 패턴 집중 훈련

1. Whenever you have time, could you look over this document?
   + 부탁할 때 회사 생활에서는 'Could you ~?'를 많이 쓰고, 일상에서는 'Can you ~?'를 압도적으로 많이 사용합니다.

2. Whenever you have time, please send me the updated file.

3. Whenever you have time, can you call me back?

4. Whenever you have time, stop by my office.
   + 'stop by'는 '잠깐 들르다'라는 뜻으로, 어디를 들를지는 바로 뒤에 언급해 주면 됩니다.

5. Whenever you have time, let's catch up.

6. Whenever you have time, share the photos with me.

7. Whenever you have time, check out the video I sent you.
   + 'check'은 자세히 또는 어떤 정보를 취하겠다는 목적을 갖고 확인하는 거라면, 'check out'은 가볍게 뭔가를 확인하거나 볼 때 사용합니다.

8. Whenever you have time, help me set this up.

9. Whenever you have time, can you show me how this works?

10. Whenever you have time, let me treat you to lunch.
    + 'treat A to B'는 'A에게 B를 대접하다, 한턱내다'라는 의미로, 이때는 밥을 '사는' 거지만 buy가 다소 어색하게 느껴질 수 있어요.

» 실전 활용 훈련

11. Whenever you have time, please approve the request.

12. Whenever you have time, upload the final version.

13. Whenever you have time, let's go for a walk.

14. Whenever you have time, can you send me the recipe?

15. Whenever you have time, can you go get some eggs?

Unit 059

» 패턴 집중 훈련

1. I know it's last-minute, but can you help me move this weekend?

2. I know it's last-minute, but can I crash at your place tonight?
   + 어디에서 crash 한다고 하면 그곳에서 하루 자고 간다는 의미입니다. "I'm crashing at my friend's house." 이렇게 얘기할 수 있어요.

3. I know it's last-minute, but are you free for a quick meeting?

4. I know it's last-minute, but can you babysit for a couple of hours?

5. I know it's last-minute, but can you drive me to the airport?

6. I know it's last-minute, but I need your advice.

7. I know it's last-minute, but can we reschedule our meeting?

8. I know it's last-minute, but I could really use your help.

- + 'I could use ~'는 '~하고 싶다, ~가 필요하다'라는 의미입니다. 정중하면서도 강하게 부탁을 할 때 쓸 수 있어요.

9 I know it's last-minute, but I'd love to see you today.

10 I know it's last-minute, but can I borrow your laptop?

» 실전 활용 훈련

11 I know it's last-minute, but can we switch seats?

12 I know it's last-minute, but do you want to come with me?

13 I know it's last-minute, but I need a ride to work.

14 I know it's last-minute, but can I add one more guest?

15 I know it's last-minute, but can you stop by the grocery store?

Unit 060

» 패턴 집중 훈련

1 If you don't mind, may I sit here?

2 If you don't mind, can I join you?

3 If you don't mind, can I sit this one out?
   - + 'sit out'은 경기 같은 곳에서 '밖에 앉다'라는 뜻으로, 경기에서 '빠지다, 참가하지 않다'라는 의미입니다.

4 If you don't mind, can we talk in private?
   - + 다른 사람이 없는 곳에서 뭔가를 할 때는 'in private'을 써서 '사적으로, 둘이서'라고 해요.

5 If you don't mind, should we just grab some fast food?

6 If you don't mind, can I use your charger?

7 If you don't mind, could you help me carry this?

8 If you don't mind, can you call a cab for me?

9 If you don't mind, can we continue this tomorrow?

10 If you don't mind, could you leave out the olives from my salad?
   - + leave가 '가만히 두다'라는 의미라면, 'leave out'이라고 하면 '밖에 두다', 즉 '(포함시키지 않고) 빼다'라는 의미가 있습니다.

» 실전 활용 훈련

11 If you don't mind, can we take a little break here?

12 If you don't mind, can you pick up some food on your way?

13 If you don't mind, could you leave a text instead of calling?

14 If you don't mind, can you grab me a beer from the fridge?
   - + 뭔가를 '갖다줘, 꺼내 줘' 이렇게 말할 때는 영어로 grab 또는 get을 가장 많이 사용합니다.

15 If you don't mind, could I borrow your jacket?
   - + 빌리는 건 borrow, 빌려주는 건 lend입니다. 두 단어의 차이를 명확하게 알아 두세요.

Part 07
센스 있게 조언할 수 있는 패턴

Unit 061

» 패턴 집중 훈련

1. You'd be better off asking for help.
2. You'd be better off wearing a jacket.
3. You'd be better off taking the subway.
4. You'd be better off going to bed early.
5. You'd be better off drinking water instead of soda.
6. You'd be better off finding a job that you actually enjoy.
   + 'find a job'은 말 그대로 '일자리를 찾다'라는 의미예요.
7. You'd be better off being honest about your feelings.
8. You'd be better off reviewing your notes before the test.
9. You'd be better off focusing on one thing at a time.
   + '~에 집중하다'는 'focus on ~'을 사용합니다.
10. You'd be better off leaving early to avoid the traffic.

» 실전 활용 훈련

11. You'd be better off saving your money.
12. You'd be better off eating more vegetables.
13. You'd be better off listening to your parents' advice this time.
    + 단순히 들리는 소리를 듣는 건 hear을 쓰고, 의도적으로 뭔가를 듣는 건 listen을 씁니다. '~의 말을 듣다'라고 할 때는 'listen to ~'라고 해요.
14. You'd be better off taking a short break.
15. You'd be better off planning your trip ahead of time.
    + 뭔가를 '미리' 하는 건 'ahead of time'이라고 합니다.

Unit 062

» 패턴 집중 훈련

1. It's worth the money.
2. It's worth the effort.
3. It's worth the wait.
4. It's worth the drive.
5. It's worth reading this book.
6. It's worth trying this dish.
7. It's worth taking the time to learn English.
   + '~에 시간을 들이다'는 'take the time to ~'라고 합니다. 이때 뒤에는 동사원형이 와요.
8. It's worth investing in a good education.
   + '~에 투자하다'라는 의미는 'invest in ~'이라고 말할 수 있어요. 전치사 in을 함께 외워 두세요.
9. It's worth apologizing if it saves the relationship.
10. It's worth taking a risk if the reward is big.

+ '모험을 하다, 위험을 감수하다'는 'take a risk (특정한 위험 요소일 때에는 the risk)'라고 합니다.

» 실전 활용 훈련

11 It's worth giving it a shot.
   + 'give it a shot'은 '한번 해 보다', '도전해 보다'라는 의미예요. 회화에서 많이 사용되니 꼭 기억해 두세요.

12 It's worth visiting the museum if you like history.

13 It's worth visiting this country just for the food.

14 It's worth standing in line to get tickets for this concert.
   + 줄 서는 건 'stand in line'이라고 합니다.

15 It's worth spending a little more for better quality.

Unit 063

» 패턴 집중 훈련

1 You might want to take an umbrella.
2 You might want to write it down.
3 You might want to call them first.
4 You might want to check the weather before leaving.
5 You might want to try again later.
6 You might want to talk to a professional about this.
7 You might want to rethink your decision.
   + 무언가를 재고하는 건 '다시 생각해 본다'는 의미에서 rethink를 씁니다.

8 You might want to apologize before it's too late.

9 You might want to start preparing for the meeting now.

10 You might want to check the expiration date.
   + '유통기한'은 'expiration date'라고 해요.

» 실전 활용 훈련

11 You might want to wear comfortable shoes.
   + 옷을 입는 것도 wear이지만, 신발을 신거나 모자를 쓰는 것, 안경이나 선글라스를 쓰는 것도 모두 wear로 표현합니다.

12 You might want to charge your phone in advance.

13 You might want to set the alarm for tomorrow.
   + '알람을 설정하다'는 'set the alarm'입니다.

14 You might want to discuss it with your boss.
   + 'discuss A with B'는 'B와 A에 대해 의논하다'라는 의미입니다. 여기서 주의할 것은 '~에 대해'라고 해서 about을 넣어야 할 것 같지만, 쓰지 않는다는 거예요.

15 You might want to wash your hands before eating.

Unit 064

» 패턴 집중 훈련

1 Why don't you eat something?
2 Why don't you go for a walk?

+ '산책하러 나가다'는 'go for a walk'입니다.

3　Why don't you wear that new jacket?

4　Why don't you take a different route?

5　Why don't you order something new today?

6　Why don't you finish your homework first?

7　Why don't you give your friends a chance?
  + 'give ~ a chance'는 '~에게 기회를 주다'라는 의미입니다.

8　Why don't you start a new hobby?

9　Why don't you look into other options?
  + 'look at ~'이 단순히 '쳐다보다'라면, 'look into ~'는 자세히 '알아보다, 조사하다'라는 느낌으로 사용돼요.

10　Why don't you consider moving to a new place?

» 실전 활용 훈련

11　Why don't you take a day off?

12　Why don't you try a different flavor?

13　Why don't you go home early today?

14　Why don't you ask for feedback from your colleagues?
  + '무엇을 달라고 요청'할 때는 'ask for ~'을 사용하고, 뒤에는 명사가 옵니다.
  + '동료'는 colleague, coworker, peer 모두 사용할 수 있습니다.

15　Why don't you give me a call later?

Unit 065

» 패턴 집중 훈련

1　If I were you, I'd ask for help.

2　If I were you, I'd speak up.
  + speak이 '말하다'라면, 'speak up'은 '더 큰 목소리로 얘기하다' 또는 '용기 내어 목소리를 내다'라는 의미로 사용할 수 있어요.

3　If I were you, I'd keep my options open.

4　If I were you, I'd get a second opinion.
  + 'get a second opinion'은 '다른 사람의 의견을 들어 보다'라는 의미입니다. 예를 들어, 어떤 병원에서 병을 진단 받았는데 혹시나 하는 마음에 다른 병원에서 다시 진단을 받아 본다고 할 때도 쓸 수 있어요.

5　If I were you, I'd move on.

6　If I were you, I'd give it one last try.

7　If I were you, I'd spend more time with family.

8　If I were you, I'd start saving more seriously.

9　If I were you, I'd take some time for myself.

10　If I were you, I'd apologize before things get worse.

» 실전 활용 훈련

11　If I were you, I'd let go of your ex.
  + 'let go of ~'라고 하면 어떤 사람이나 감정을 '놓아주다'라는 표현입니다. 어떤 것에 대한 미련을 버린다는 맥락에서 자주 쓰여요.

12　If I were you, I'd stay hopeful.

13 If I were you, I'd say thank you more often.
14 If I were you, I'd stop comparing myself to others.
15 If I were you, I'd spend time doing the things I enjoy.

Unit 066

» 패턴 집중 훈련

1 There's only so much you can control.
2 There's only so much you can handle.
   + handle은 '다루다, 처리하다'라고 가장 흔하게 쓰이지만, 더 나아가서는 어려운 일을 '감당하다'라는 의미까지 갖고 있어요.
3 There's only so much you can do on your own.
4 There's only so much you can apologize for.
   + apologize는 쓰임에 따라 어울리는 전치사가 다릅니다. '어떤 내용에 대해' 사과할 때는 for를 쓰고, '누구에게' 사과할 때에는 to를 씁니다.
5 There's only so much you can hide.
6 There's only so much you can clean up after others.
   + 'clean up after ~'라고 하면 '~가 벌인 일을 뒷수습하다'라는 표현입니다. 이때는 누군가가 어질러 놓은 것을 정리해야 하는 것일 수도 있고, 직장에서 누군가 실수한 일을 대신 처리하는 것일 수도 있습니다.
7 There's only so much you can delay your dreams.
8 There's only so much you can learn on your own.
9 There's only so much you can fix in a broken relationship.
10 There's only so much you can do to make everyone happy.

» 실전 활용 훈련

11 There's only so much you can plan.
12 There's only so much you can blame yourself for.
13 There's only so much you can pretend.
   + '~인 척하다'라는 표현은 'pretend to be ~'라고 말합니다. 이때 뒤에는 명사, 형용사, 동명사 모두 올 수 있습니다.
14 There's only so much you can work without a break.
15 There's only so much you can fake before people notice.
   + fake는 형용사로 가장 많이 사용되지만, 예문에서처럼 '가식적으로 행동하다'라는 의미의 동사로도 사용합니다.

Unit 067

» 패턴 집중 훈련

1 You could always call customer service.
2 You could always ask your parents for help.
3 You could always apply again next year.
4 You could always start small and build up.

5 You could always try freelancing first.

6 You could always change your mind later.

7 You could always give yourself a little grace.
   + 'give (someone) grace'라고 하면 말 그대로 '누군가에게 은혜를 베풀다'라는 의미입니다. 더 보편적으로는 '감정적 여유를 갖고 너그럽게 대하다' 이런 의미로 사용됩니다.

8 You could always talk to a professional.

9 You could always let your friends know how you feel.
   + 'A에게 B를 알리다'라는 표현은 영어로 'let A know B' 이렇게 나타낼 수 있습니다.

10 You could always turn it into a learning experience.

» 실전 활용 훈련

11 You could always say no.

12 You could always start with one small habit.

13 You could always ask your boss for a vacation.

14 You could always write down your thoughts.
   + write은 '쓰다'이고, 'write down'은 '적어 놓다, 기록하다'라는 의미입니다. 일상에서는 구동사가 더 많이 등장합니다.

15 You could always take your time.
   + 같은 '천천히 하다'라도 'slow down'은 가고 있는 속도, 말하고 있는 속도를 천천히 하라는 의미로 사용되고, 'take one's time'은 여유 있게 무언가를 하라는 얘기가 됩니다.

Unit 068

» 패턴 집중 훈련

1 It wouldn't hurt to plan ahead.

2 It wouldn't hurt to have a plan B.
   + 'plan B'는 '제2안', 즉 '비상 상황에 대비한 대안'을 의미합니다. 그래서 대안을 마련해 놓는다는 표현으로는 'have a plan B'라고 말합니다.

3 It wouldn't hurt to ask for clarification.
   + 'ask for clarification'은 모호하거나 헷갈릴 때 '명확한 설명을 요청하다'라는 의미로 쓰입니다.

4 It wouldn't hurt to keep your options open.

5 It wouldn't hurt to show a little kindness.
   + 'show kindness'는 '친절을 베풀다'라는 의미로, 여기서 show는 '보여 주다'가 아니라 '행동으로 표현하다'라는 뜻이에요.

6 It wouldn't hurt to prepare for the worst.

7 It wouldn't hurt to set some boundaries.

8 It wouldn't hurt to take a risk once in a while.

9 It wouldn't hurt to believe in yourself a little more.
   + 'believe ~'는 '사실로 받아들이다, 믿다'라는 의미라면, in을 추가해서 'believe in ~' 하면 '~를 신뢰하다, 믿다'라는 의미가 됩니다.

10 It wouldn't hurt to practice more before the big day.

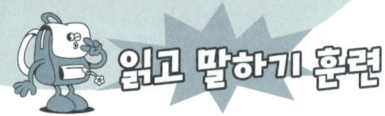

» 실전 활용 훈련

11 It wouldn't hurt to take a short break.

12 It wouldn't hurt to put your phone down.

13 It wouldn't hurt to go for a walk and clear your head.
   + 'clear one's head'는 '머리를 식히다', '생각을 정리하다'라는 뜻으로, 감정적으로 복잡하다고 할 때 자주 쓰여요.

14 It wouldn't hurt to reflect on what went wrong.

15 It wouldn't hurt to be a little more patient.

Unit 069

» 패턴 집중 훈련

1 Next time, maybe go to bed earlier.

2 Next time, maybe call ahead.

3 Next time, maybe pack a snack.
   + pack은 '짐을 싸다, 짐을 챙기다'라는 뜻이에요.

4 Next time, maybe leave a little earlier.

5 Next time, maybe wear something more comfortable.

6 Next time, maybe trust your gut.
   + gut은 '배'라는 뜻도 있지만 '직감'이라는 뜻으로도 자주 쓰입니다.

7 Next time, maybe write it down so you don't forget.

8 Next time, maybe eat something before you go out.

9 Next time, maybe don't bottle it all up.
   + 힘든 일이나 감정을 털어놓지 않고 꾹 참고 속에 담아 두는 걸 영어로는 'bottle up'이라고 해요. 원래 '병에 담다'라는 의미인데 그만큼 감정을 누르고 봉쇄한다는 의미로 연결되었습니다.

10 Next time, maybe don't be too hard on yourself.
   + 'be hard on ~'은 '~을 심하게 대하다, 구박하다'라는 의미예요. 따라서 조언할 때 "Don't be hard on yourself."라고 하면 자기 자신을 너무 몰아붙이고 자책하지 말라는 조언이 돼요.

» 실전 활용 훈련

11 Next time, maybe pack a water bottle.

12 Next time, maybe listen more carefully.

13 Next time, maybe read the instructions.

14 Next time, maybe charge your phone before you go out.

15 Next time, maybe practice a little more.

Unit 070

» 패턴 집중 훈련

1 Have you thought about reaching out again?
   + reach는 '닿다, 도달하다'라는 뜻이고, 'reach out'은 '연락하다'라는 의미를 갖습니다.

2 Have you thought about switching jobs?

3 Have you thought about seeing a

therapist?

4 Have you thought about cutting out carbs?
   + 'cut out'은 식습관에서 뭔가를 '끊다, 제외하다'라는 의미예요.

5 Have you thought about changing your workout routine?

6 Have you thought about starting a side hustle?
   + 'side hustle'은 본업 외에 '부수입을 벌 수 있는 일'을 말해요. 요즘에 많이 쓰는 표현이니 꼭 알아 두세요.

7 Have you thought about moving out and living on your own?

8 Have you thought about unfollowing them for a while?
   + 요즘 인스타그램에서 흔히 쓰는 '언팔'이라는 단어는 영어 'unfollow'라는 동사를 줄여서 그렇게 부르게 됐어요.

9 Have you thought about negotiating your salary?

10 Have you thought about reading just 10 pages a day?

» 실전 활용 훈련

11 Have you thought about quitting caffeine?

12 Have you thought about talking to her directly?

13 Have you thought about living somewhere else?

14 Have you thought about meditating?

15 Have you thought about studying after work?

Part 08
계획/소망/결심을 공유할 때 쓰는 패턴

Unit 071

» 패턴 집중 훈련

1 I was just about to leave.

2 I was just about to call you.

3 I was just about to go home.
   + '~에 가다'라고 할 때에는 주로 'go to ~'라고 하는데, '집에 가다'는 특별히 전치사 없이 'go home'이라고 합니다.

4 I was just about to turn off the TV.

5 I was just about to have dinner.

6 I was just about to make coffee.

7 I was just about to read a book.

8 I was just about to ask an important question.

9 I was just about to check my texts.

10 I was just about to reset the password.
   + 비밀번호를 처음 설정할 때는 'set a password'라고 해요. 바꿀 때는 'change the password' 또는 'reset the password'라고 말해요.

» 실전 활용 훈련

11 I was just about to quit my job.
   + '퇴사하다'는 quit을 사용합니다. resign은 '사임, 사직하다'라는 뜻입니다.

12 I was just about to text you.
   + '너에게 전화하다'는 'call you'라고 말하듯, '너에게 문자하다'는 'text you'라고 해요.

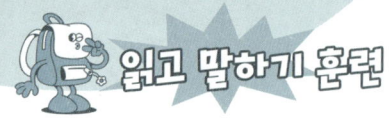

13 I was just about to charge my phone.

14 I was just about to download the app.

15 I was just about to get off the bus.
   + 어디에 탑승하고 내리는 건 'get on(타다)', 'get off(내리다)'를 사용합니다.

Unit 072

» 패턴 집중 훈련

1 I'm thinking about going to the movies.
   + '영화를 보러 가다'라는 표현은 'go to the movies'라고 할 수 있어요. 관사와 단수/복수 형태가 헷갈릴 수 있으니 입에 익혀 주세요.

2 I'm thinking about joining a running crew.

3 I'm thinking about learning to cook.

4 I'm thinking about adopting a dog.
   + adopt는 '입양하다'라는 의미이며, 명사형으로 '입양'은 adoption이라고 합니다.

5 I'm thinking about starting a new hobby.

6 I'm thinking about going shopping this weekend.

7 I'm thinking about getting a haircut.
   + '머리 자르다'를 'cut one's hair'라고 하면, 스스로의 머리를 자른다는 의미가 강합니다. 미용실에 가서 머리를 자르는 건 'get a haircut'이라고 하는 게 더 정확합니다.

8 I'm thinking about moving abroad.

9 I'm thinking about taking a day off tomorrow.
   + '휴가를 내다'는 'take ~ off'라고 하는데, 사이에는 휴가를 내는 기간을 써 주면 됩니다. 'take a break'이 잠시 휴식 시간을 갖는 거라면, 이건 아예 휴가를 내는 개념이에요.

10 I'm thinking about going to bed early tonight.

» 실전 활용 훈련

11 I'm thinking about having pizza for lunch.

12 I'm thinking about going on a diet.

13 I'm thinking about going to graduate school.
   + 'go to graduate school'은 얼핏 보면 '학교에 가다' 같지만, '대학원에 진학하다'가 정확한 해석입니다.

14 I'm thinking about buying a bike.

15 I'm thinking about finding a new job.

Unit 073

» 패턴 집중 훈련

1 I've always wanted to live by the beach.

2 I've always wanted to try yoga.
   + try는 '노력하다' 말고도 '시도하다, 새로운 경험을 해 보다'라는 뜻도 있어요. try 뒤에는 새로 시도하는 것을 [명사]나 [동명사(-ing)] 형태로 나열하면 됩니다.

3 I've always wanted to be more organized.
   + 'be more ~'은 '점점 ~한 사람이 되다'라는 뜻입니다. 이때 뒤에는 [형용사]가 옵니다.

4 I've always wanted to learn how to bake bread.

5 I've always wanted to dye my hair.

6 I've always wanted to adopt a dog.

7 I've always wanted to get better at singing.
   + 'get better at ~'은 '~을 점점 더 잘하게 되다'라는 표현입니다. 더 잘하게 되는 것은 [명사]나 [동명사(-ing)] 형태로 넣어 주세요.

8 I've always wanted to make my parents proud.

9 I've always wanted to decorate my own room.

10 I've always wanted to write a song.

» 실전 활용 훈련

11 I've always wanted to study abroad.
   + abroad는 '외국에서'라는 의미의 부사예요. 그래서 '해외에서 공부하다'라고 할 때는 전치사 없이 'study abroad'라고 합니다.

12 I've always wanted to open my own café.

13 I've always wanted to be more confident.

14 I've always wanted to eat healthier.

15 I've always wanted to see the fireworks.

Unit 074

» 패턴 집중 훈련

1 I might try waking up earlier.

2 I might try meditating before bed.

3 I might try journaling in the morning.

4 I might try taking a break from social media.
   + 'take a break from ~'이라고 하면 '~을 중단하다'라는 의미가 됩니다.

5 I might try cutting down on sugar.
   + 'cut down on ~'은 '~을 줄이다'는 표현이에요. 몸에 안 좋은 것을 줄인다는 표현으로 많이 사용됩니다.

6 I might try organizing my room.

7 I might try calling my family more often.

8 I might try speaking up more in meetings.
   + 'speak up'은 회의나 토론에서 '의견을 말하다', '목소리를 내다'라는 의미로 사용합니다.

9 I might try using less plastic.

10 I might try speaking only English tomorrow.

» 실전 활용 훈련

11 I might try cooking something new.

12 I might try drinking more water.

13 I might try reading every night.

14 I might try learning how to play the piano.
   + '~을 배우다'라고 할 때는 learn 뒤에 바로 명사를 붙이면 되지만, '~하는 방법을 배우다'라고 할 때는 'learn how to ~'라고 표현합니다.

15 I might try going to bed earlier.

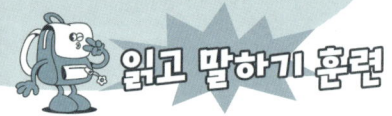

Unit 075

» 패턴 집중 훈련

1. I'm dying to sleep in tomorrow.
   + 'sleep in'은 '늦잠을 자다'라는 뜻이에요. 보통 아침에 알람 없이 편하게 자고 싶을 때 씁니다. 반면 '낮잠 자다'는 'take a nap'이라고 해요.

2. I'm dying to get out of the house.
   + 'get out of the house'를 직역하면 '집 밖으로 나가다'인데, 답답하거나 기분 전환을 하고 싶을 때 나가서 뭐라도 하고 싶다는 의미입니다.

3. I'm dying to quit my job.

4. I'm dying to hang out with my friends.
   + 'hang out with ~'는 '~와 놀다, ~와 어울리다'라는 뜻으로, 특히 친구들과 시간을 보낼 때 가장 흔하게 사용돼요.

5. I'm dying to hear how you've been.

6. I'm dying to get back into running.
   + 'get back into ~'는 직역하면 '~로 다시 들어가다'라는 의미인데, 일상에서는 예전에 하던 걸 다시 시작할 때 써요.

7. I'm dying to eat my grandma's cooking again.

8. I'm dying to spend a whole day doing nothing.

9. I'm dying to delete all my social media.

10. I'm dying to surprise my parents with a gift.
    + 'A로 B를 놀라게 하다'라는 표현은 'surprise B with A'라고 할 수 있습니다.

» 실전 활용 훈련

11. I'm dying to take a vacation.
12. I'm dying to eat something sweet.
13. I'm dying to know what happened.
14. I'm dying to move to a new city.
15. I'm dying to tell you a secret.

Unit 076

» 패턴 집중 훈련

1. I'd love to write a book one day.

2. I'd love to take better care of my health.

3. I'd love to get better at cooking Korean food.

4. I'd love to run a 10K someday.
   + 10K는 10km 마라톤을 말해요. 미국에서는 '숫자+K(킬로/1,000)'로 자주 표현해요.

5. I'd love to improve my public speaking skills.
   + 'public speaking'을 직역하면 '공적인 말하기'인데, 실생활에서는 발표, 강연, 인터뷰 등 '사람들 앞에서 말하는 것'을 뜻해요.

6. I'd love to reconnect with old friends.
   + reconnect는 '다시 연결되다', '다시 연락하다'라는 의미예요. 오랜 친구나 인연과 연락이 끊겼다가 다시 연락이 닿을 때 사용하기 좋아요.

7. I'd love to try surfing at least once.

8. I'd love to go on a road trip across the U.S.

9. I'd love to save up for a house.

10 I'd love to meet someone who shares my interests.

» 실전 활용 훈련

11 I'd love to cook dinner for my family.

12 I'd love to work at a café for a day.

13 I'd love to visit Europe next year.

14 I'd love to go see a Broadway show.
  + 'go see'는 '보러 가다'라는 의미로, 회화에서는 'go to see'보다 더 자주 쓰입니다.

15 I'd love to master baking bread.
  + master은 '완벽히 익히다, 숙달하다, 마스터하다'라는 의미입니다. 이 뒤에는 [동명사] 형태로 마스터한 것을 소개해 주세요.

 Unit 077

» 패턴 집중 훈련

1 I've been meaning to call my grandma.

2 I've been meaning to cancel that subscription.

3 I've been meaning to check out that new gym.
  + 'check out'은 여러 의미를 가지고 있는데, '한번 가 보다'라는 의미로도 자주 쓰입니다.

4 I've been meaning to cook more at home.

5 I've been meaning to reply to your text.
  + 'reply to ~'는 '~에게 답장하다'라는 의미예요. 전치사는 to가 사용된다는 걸 기억하세요.

6 I've been meaning to declutter my desk.
  + clutter은 너무 많은 물건들을 들여서 난장판을 만드는 거라면, declutter은 반대로 잡동사니를 정리하고 치우는 걸 의미합니다.

7 I've been meaning to try intermittent fasting.
  + 간헐적 단식은 영어로 'intermittent fasting'이라고 해요.

8 I've been meaning to read that book you recommended.

9 I've been meaning to fix that leaky faucet.

10 I've been meaning to set some goals for this year.

» 실전 활용 훈련

11 I've been meaning to go to the dentist.

12 I've been meaning to watch that new Netflix show.

13 I've been meaning to work out more often.

14 I've been meaning to get a haircut.

15 I've been meaning to visit my friend's place.
  + 'visit someone's place'라고 하면 친구 집이나 누군가의 집에 '놀러 가다'라는 뜻이에요.

 Unit 078

» 패턴 집중 훈련

1 I'm going to exercise more regularly.

2 I'm going to stop eating junk food.

+ stop 뒤에 뭐가 오느냐에 따라 의미가 달라져요. 'stop -ing'는 '~하는 것을 멈추다'라는 의미이고, 'stop to ~'는 '~하기 위해 다른 걸 멈추다'라는 의미예요. 혼동하지 않게 주의하세요.

3 I'm going to travel solo for the first time.

4 I'm going to finish this book this week.

5 I'm going to focus on my studies.

6 I'm going to go on a diet.
+ '다이어트하다'는 'do diet'가 아니에요. 올바른 표현은 'go on a diet'입니다.

7 I'm going to try something new every week.

8 I'm going to build better habits.

9 I'm going to chase my dream.

10 I'm going to take weekends off.
+ 'take ~ off'는 쉬거나 시간을 비우는 느낌이에요. 'take a day off', 'take weekends off' 이렇게 표현할 수 있습니다.

» 실전 활용 훈련

11 I'm going to walk 10,000 steps every day.

12 I'm going to stop procrastinating.
+ procrastinate은 '미루다'라는 뜻의 고급 표현이에요. 공부에 관련해서는 '벼락치기하다'라는 의미도 갖습니다.

13 I'm going to start a new hobby.

14 I'm going to read a book a month.

15 I'm going to sign up for a cooking class.
+ 어디에 등록할 때는 'sign up for ~'을 쓴다는 것을 통으로 외워 두세요.

Unit 079

» 패턴 집중 훈련

1 I can't wait to graduate.

2 I can't wait to start working out again.

3 I can't wait to show you my work.
+ 'A에게 B를 보여 주다'라는 말을 영어로 표현하는 방법은 두 가지입니다. 'show A B'라고 할 수도 있고, 'show B to A'라고 할 수도 있어요.

4 I can't wait to travel to Japan this fall.

5 I can't wait to see my family again.

6 I can't wait to start my new job next week.

7 I can't wait to move into my new apartment.

8 I can't wait to hang out with my friends this weekend.

9 I can't wait to meet my baby niece.
+ niece는 '여자 조카', nephew는 '남자 조카'를 의미합니다.

10 I can't wait to get my driver's license.
+ '운전면허를 따다'는 'get one's driver's license'라고 해요.

» 실전 활용 훈련

11 I can't wait to get started on this new project.
+ start는 단순히 어떤 행동을 시작하는 걸 의미한다면, 'get started on ~'은 더 구어체적으로 '무언가를 막 시작하다', '어떤 일에 착수하다'라는 시작하는 과정에 집중하는 느낌을 줍니다.

12 I can't wait to meet your parents.

13 I can't wait to go on vacation.

14 I can't wait to go shopping for new clothes.
  + 무엇을 사러 가는 건 'shop for ~'라고 전치사 for을 사용해서 말합니다.

15 I can't wait to finally relax this weekend.

Unit 080

» 패턴 집중 훈련

1 I'm set on becoming a doctor.

2 I'm set on applying to that graduate school.

3 I'm set on saving up for a trip to Europe.
  + save와 다르게 'save up'은 목적을 위해 돈을 모으는 것을 의미합니다. '~을 위해 모으다'라고 목적을 나타낼 때에는 'save up for ~'라고 말합니다.

4 I'm set on eating healthier from now on.

5 I'm set on changing my career.

6 I'm set on buying a car by the end of the year.
  + '~ 말까지'라는 말은 'by the end of ~'로 말할 수 있어요. 'by the end of this year', 'by the end of the month'처럼 활용합니다.

7 I'm set on getting in shape.
  + 'get in shape'은 '몸매 관리를 하다, 건강한 몸을 만들다'라는 뜻으로, 자연스러운 구어체예요.

8 I'm set on sticking to my budget this year.

+ 'stick to ~'는 '~에 딱 붙다'라는 의미도 있지만 '~를 꼭 지키다'라는 의미도 있어요.

9 I'm set on spending less time on my phone.

10 I'm set on passing the exam this year.

» 실전 활용 훈련

11 I'm set on getting a pet.
  + 반려동물을 처음 데려오는 건 get을 쓰고, 집에서 키우는 과정은 raise로 말합니다.

12 I'm set on quitting smoking.

13 I'm set on spending more time with my family.

14 I'm set on studying English every day.

15 I'm set on visiting my grandparents more often.

Part 09
일상 속 에피소드를 전할 때 쓰는 패턴

 Unit 081

» 패턴 집중 훈련

1 I happened to hear the news.
  + '소식, 뉴스'는 항상 news라고 부르는데, 복수처럼 생겼지만 셀 수 없는 불가산명사라는 걸 기억하세요.

2 I happened to find a good restaurant.

3 I happened to meet my ex on the street.

4 I happened to drop my wallet.

5 I happened to make a new friend.

6 I happened to get home early.

7 I happened to get a good seat.

8 I happened to watch a fun show on TV.

9 I happened to pass by that place.
  + '~를 지나가다'는 'pass by ~'라고 표현할 수 있어요. 특정 장소나 사람을 지나칠 때 자연스럽게 쓸 수 있어요.

10 I happened to delete an important email.

» 실전 활용 훈련

11 I happened to get a free ticket.

12 I happened to arrive early at work that day.
  + '그날'은 'that day', '이날'은 'this day'라고 말할 수 있습니다.

13 I happened to run into her on the street.
  + 'on the street'은 '거리에서, 밖에서'라는 의미예요. 특정 길을 의미하는 게 아니라 '밖에서 또는 길 가다가' 일어난 일에 사용합니다.

14 I happened to see a really cute puppy.

15 I happened to see a funny clip on Youtube.
  + '영상을 보다'는 'watch a video'도 가능하지만, 'see a clip'도 사용할 수 있습니다. clip은 짧은 영상에 더 자주 써요.

Unit 082

» 패턴 집중 훈련

1 I ended up staying home.

2 I ended up going grocery shopping with my mom.

3 I ended up falling asleep.
  + sleep이 쿨쿨 자는 거라면, '잠에 드는' 건 'fall asleep'이라는 표현을 사용합니다.

4 I ended up traveling alone.

5 I ended up skipping dinner.
  + 끼니를 거르는 건 동사 skip을 써서 'skip breakfast/lunch/dinner' 이렇게 말해요.

6 I ended up changing my mind.

7 I ended up telling her the truth.

8 I ended up giving up on it.
  + '~을 포기하다'라는 표현은 'give up on ~'이라고 말해요. 전치사 on까지 함께 외워서 활용해보세요.

9 I ended up missing the bus.

10 I ended up changing my plans.

» 실전 활용 훈련

11 I ended up getting lost.

12 I ended up relaxing at home.

13 I ended up spending more money.

14 I ended up working late.

15 I ended up making a new friend.
  + '친구를 만들다'라는 직역 자체가 자연스러운 표현이에요. 'make a new friend' 또는 'make new friends'라고 하면 돼요.

Unit 083

» 패턴 집중 훈련

1. One time, I got lost in a foreign country.
   + 'get lost'는 '길을 잃다'라는 뜻이에요. 콩글리시로 잘못 얘기하기 쉬우니 꼭 외워 두세요.

2. One time, I spilled coffee all over my laptop.

3. One time, I completely forgot my best friend's birthday.

4. One time, I missed my flight by just five minutes.

5. One time, I forgot to put sugar in my cookies.
   + '~하는 걸 잊다'라는 말은 'forget to ~'라고 하고 뒤에는 동사원형이 옵니다.

6. One time, I laughed so hard that I cried.
   + 'laugh hard'는 '자지러지게 웃다, 세게 웃다' 이런 의미로 외워 두세요. hard는 '어려운, 딱딱한'이라는 형용사적 역할 외에 '열심히, 힘껏, 세게'라는 부사적 역할을 하기도 합니다.

7. One time, I fell asleep during an important meeting.

8. One time, I met a celebrity at a grocery store.

9. One time, I got stuck in an elevator for 10 minutes.
   + 'get stuck'은 어딘가에 '갇히다, 움직일 수 없게 되다'라는 의미입니다. 엘리베이터, 교통체증 등 여러 상황에서 쓸 수 있어요.

10. One time, I accidentally took someone else's drink at a café.

» 실전 활용 훈련

11. One time, I sent a text to the wrong person.

12. One time, I fell in the shower.

13. One time, I made dinner for my parents.

14. One time, I ran into my professor at a bar.
    + 'run into someone'은 직역하면 '~와 충돌하다'라는 의미인데, 일상에서는 계획하지 않았는데 누군가를 우연히 만났을 때 사용합니다.

15. One time, I walked into a wrong classroom.

Unit 084

» 패턴 집중 훈련

1. It turns out she speaks Korean fluently.

2. It turns out we're actually neighbors.

3. It turns out I was allergic to shrimp.
   + '~에 알레르기가 있다'라는 표현은 'be allergic to ~'라고 말할 수 있습니다. 이걸 대체할 표현은 잘 없기 때문에 외워 두는 게 좋습니다.

4. It turns out the deadline was extended.
   + extend는 '연장하다'라는 의미이기 때문에, '연장되었다'라고 말하기 위해서는 수동태로 바꿔서 'was extended'라고 합니다.

5. It turns out my alarm didn't go off.
   + '알람이 울리다'라는 표현은 'go off'라는 구동사를 씁니다.

6 It turns out we were talking about two different people.

7 It turns out I'd already seen that movie.

8 It turns out we were waiting at the wrong restaurant.

9 It turns out the meeting was actually tomorrow.

10 It turns out she thought it was a different day.
   + '날짜를 착각하다'라는 말은 돌려서 '다른 날이라고 생각하다'라는 의미의 'think it is a different day'라고 표현할 수 있습니다.

» 실전 활용 훈련

11 It turns out my mom was right.

12 It turns out today is a holiday.

13 It turns out I left my phone in the car.
   + 'leave ~'라고 하면 '~를 떠나다'라는 의미도 있지만 '~를 놓고 오다, 두고 오다'라는 표현으로도 많이 사용됩니다.

14 It turns out I didn't need an umbrella.

15 It turns out the grocery store is closed.

Unit 085

» 패턴 집중 훈련

1 The funny thing is I ended up liking it.
   + 'end up -ing'는 '결국 ~하게 되다'라는 의미로, 어떤 일이 의도치 않게 됐을 때 자주 쓰는 표현입니다.

2 The funny thing is we got there at the same time.

3 The funny thing is I forgot my own birthday.

4 The funny thing is this wasn't planned at all.

5 The funny thing is I didn't recognize her at first.

6 The funny thing is I didn't even try that hard.

7 The funny thing is I used to hate coffee.
   + 'used to ~'는 '예전엔 ~하곤 했지만 지금은 아니다'라는 표현이에요. 과거의 습관이나 상태를 말할 때 유용해요.

8 The funny thing is it wasn't even my fault.
   + even은 '~까지도, ~조차도' 라는 의미로, 강조할 때 단골로 쓰이는 부사입니다.

9 The funny thing is we were wearing the same outfit.

10 The funny thing is I got the job without an interview.

» 실전 활용 훈련

11 The funny thing is we ordered the same thing.

12 The funny thing is my plan actually worked.
   + work는 흔히 알고 있는 '일하다'라는 의미 외에 '효과가 있다'라는 의미로도 사용됩니다.

13 The funny thing is I ended up having a great time.

14 The funny thing is I thought today was Monday.

15. The funny thing is it rained right after I washed my car.
    + 그냥 '다음에'가 아니라 '바로 다음에'라고 강조하고 싶을 때에는 right을 붙이면 됩니다. 'right before', 'right after' 이렇게 사용해 보세요.

Unit 086

» 패턴 집중 훈련

1. You won't believe what just happened.
2. You won't believe who I ran into today.
3. You won't believe how much this bag cost.
    + cost는 명사로는 '가격'이란 의미이고, 동사로는 '값이 ~이다, 얼마가 들었다'라는 의미입니다.
4. You won't believe how early I got up today.
    + '얼마나 ~한지'는 [how+형용사/부사]로 표현할 수 있어요. 예를 들면, how long, how early, how bad 등으로 활용할 수 있습니다.
5. You won't believe how long the line was.
6. You won't believe what my dog did.
7. You won't believe how much fun we had.
8. You won't believe what I saw on the news.
9. You won't believe how clean my house is.
10. You won't believe how long it took to finish it.
    + 무언가를 끝내는 데 얼마나 걸렸는지를 말할 때는 [It took+시간+to+동사원형]으로 씁니다.

» 실전 활용 훈련

11. You won't believe what he did for me.
12. You won't believe who called me.
13. You won't believe how bad the traffic was.
    + 교통체증이 '심하다'라는 말은 단순하게 bad를 사용할 수 있습니다.
14. You won't believe what I dreamed last night.
15. You won't believe what my kid said today.

Unit 087

» 패턴 집중 훈련

1. Long story short, he didn't show up.
    + 'show up'은 예정된 곳에 '나타나다'라는 의미로 자주 사용됩니다.
2. Long story short, I got the job.
3. Long story short, the date was a disaster.
4. Long story short, we became friends again.
5. Long story short, it was all a misunderstanding.
6. Long story short, I ran into my ex.
    + 결혼했던 사이는 ex-husband, ex-wife라고 부르고, 전 연인은 ex-boyfriend, ex-girlfriend라고 부릅니다. 그런데 이 모두를 포괄적으로 ex라고 부르기도 합니다.
7. Long story short, I screwed up big time.
    + 'screw up'은 비격식 표현이지만 편한 사이에

서는 정말 많이 써요. '망치다, 실수하다'라는 의미입니다. 'big time'은 '제대로, 대단히'라는 의미로, 무언가를 강조할 때 쓸 수 있어요.

8 Long story short, I burned the dinner.

9 Long story short, I had to start all over again.

10 Long story short, our trip got canceled.

» 실전 활용 훈련

11 Long story short, we missed the movie.

12 Long story short, we talked all night.

13 Long story short, I ran out of money.
- 'run out of ~'는 '~이 다 떨어졌다'라는 뜻으로, 무언가가 고갈되었을 때 사용하는 표현입니다. 예를 들면, 'run out of time', 'run out of gas' 이렇게요.

14 Long story short, it was better than I expected.

15 Long story short, I'm never doing that again.

» 패턴 집중 훈련

1 I found myself smiling for no reason.
- 'for no reason'은 말 그대로 '아무런 이유/조건/대가 없이'라는 뜻이에요. 반대로 이유가 있을 때에는 'for a reason'이라고 하면 됩니다.

2 I found myself thinking about her again.

3 I found myself checking my phone every two minutes.
- every는 '~마다'라는 의미입니다. '2시간마다'는 'every two hours', '두 달마다'는 'every two months'로 활용할 수 있습니다.

4 I found myself laughing at a meme.

5 I found myself eating the whole bag of chips.

6 I found myself singing that song all day.

7 I found myself zoning out during class.
- '멍 때리다'라는 표현은 여러 가지가 있지만, 가장 흔하게는 'zone out' 또는 'space out' 이 두 가지를 쓰곤 해요.

8 I found myself googling random stuff.
- '구글에 검색하다'라는 말은 '구글'을 동사로 써서 'google'한다고 하면 돼요. "Let me google it.(내가 구글에 검색해 볼게.)" 이렇게요.

9 I found myself watching the same video again.

10 I found myself scrolling through shorts endlessly.
- 쇼츠를 본다는 건 쇼츠를 계속해서 넘기는 것이기 때문에, 넘기는 행위를 강조해서 'scroll through shorts'라고 말할 수 있어요.

» 실전 활용 훈련

11 I found myself texting my crush.

12 I found myself staying up late.

13 I found myself repeating what my teacher said.

14 I found myself wanting to call my mom.

15 I found myself cleaning my brother's room for him.

Unit 089

» 패턴 집중 훈련

1 It was one of those days when nothing went right.
   + '아무것도 안 풀렸다'라는 말은 'Nothing went right'이라고 할 수도 있고, 'Everything went wrong'이라고 말할 수도 있어요.

2 It was one of those days when nothing on Netflix looked good.

3 It was one of those days when I really missed my mom's cooking.

4 It was one of those days when I couldn't stop overthinking.
   + 생각이 지나치게 많아서 불안감이 엄습해 오는 건 overthink한다고 표현할 수 있습니다.

5 It was one of those days when even coffee didn't help.
   + 'even ~ didn't help'라고 하면 '~마저도 소용없었다'라는 의미입니다.

6 It was one of those days when I just wanted to stay in bed.
   + 'stay in bed'는 침대에서 나오지 않고 계속 침대 속에 있는 걸 의미해요.

7 It was one of those days when time moved too slowly.

8 It was one of those days when the weather stayed gloomy all day.

9 It was one of those days when even small things made me emotional.

10 It was one of those days when I listened to sad songs on purpose.
   + '일부러', '고의로'라는 말은 'on purpose'라고 말할 수 있습니다.

» 실전 활용 훈련

11 It was one of those days when I felt invisible.

12 It was one of those days when I just needed a hug.

13 It was one of those days when I kept dropping everything.

14 It was one of those days when everything I touched broke.

15 It was one of those days when I didn't want to talk to anyone.

Unit 090

» 패턴 집중 훈련

1 Out of nowhere, it started pouring rain.
   + 어떤 행동이 시작될 때는 'start -ing'라고 해요.

2 Out of nowhere, she gave me a hug.
   + '~를 안아 주다'라고 할 때는 'hug ~'라고 해도 되지만, 'give ~ a hug'도 자주 씁니다.

3 Out of nowhere, my phone turned off.

4 Out of nowhere, someone paid for my coffee.

5 Out of nowhere, the power went out.

6 Out of nowhere, my friend showed up at my door.

7 Out of nowhere, my dog started barking like crazy.
   + 'like crazy'는 '미친 듯이'라는 의미로, 일상대화에서 뭔가를 과장할 때 추임새처럼 씁니다.

8 Out of nowhere, the internet stopped working.

9 Out of nowhere, I felt super energetic.

10 Out of nowhere, I tripped over nothing.
    + 'trip over ~'은 '~에 걸려 넘어지다'라는 의미예요. 여기서 'trip over nothing'은 '아무것도 없는데 넘어졌다'라는 내용이 됩니다.

» 실전 활용 훈련

11 Out of nowhere, my boss called me.

12 Out of nowhere, I dropped my phone.

13 Out of nowhere, I started tearing up.
    + 'tear up'은 '눈시울을 붉히다, 눈물이 핑 돌다'라는 의미로, 엉엉 우는 cry와는 다르다는 걸 기억해 주세요.

14 Out of nowhere, I got a text from my ex.

15 Out of nowhere, I started craving ramen.

 Part 10
꿀팁 등을 추천/공유할 때 쓰는 패턴

Unit 091

» 패턴 집중 훈련

1 You'll love this sunscreen.

2 You'll love this YouTube channel.

3 You'll love this planner if you're into organizing.
   + 'if you're into ~'는 '~를 좋아한다면'이라는 뜻으로, 추천하는 이유를 자연스럽게 덧붙일 수 있어요.

4 You'll love this shampoo if you have dry hair.

5 You'll love this hack for keeping avocados fresh.
   + hack은 요즘 SNS에서 많이 쓰이는 '꿀팁'이라는 의미의 속어예요. 'cooking hack', 'life hack' 등 다양하게 사용됩니다.

6 You'll love this website for finding cheap flights.

7 You'll love this place if you like vintage stuff.
   + place는 '장소'라는 의미 외에도 어떤 '곳'을 나타낼 때 흔하게 사용합니다.

8 You'll love how fast this charger is.

9 You'll love how soft this blanket is.

10 You'll love how simple this recipe is.

» 실전 활용 훈련

11 You'll love this new protein shake flavor.

12 You'll love this trick for falling asleep faster.
  + trick은 원래 '비결, 묘책'이라는 의미로, '~하기 좋은 방법'을 소개할 때 사용하기도 합니다.

13 You'll love this portable fan in the summer.

14 You'll love how fast the Wi-Fi is here.

15 You'll love this skincare brand I discovered.

》 패턴 집중 훈련

1 You've got to try the matcha latte here.

2 You've got to try studying English with this YouTube channel.

3 You've got to try the workout routine I showed you.

4 You've got to try this sleep meditation playlist.

5 You've got to try this pasta recipe.

6 You've got to try a spoon of olive oil in the morning.

7 You've got to try using vinegar for cleaning.

8 You've got to try adding frozen bananas to your smoothie.
  + 'add A to B'라고 하면 'A를 B에 넣다, 첨가하다'라는 의미가 됩니다.

9 You've got to try cooking salmon in an air fryer.

10 You've got to try freezing your leftover rice like this.
  + '먹다 남은 음식'이나 '잔반'은 영어로 leftover 라고 합니다. '이렇게', '저렇게'는 'like this', 'like that'처럼 표현할 수 있어요.

》 실전 활용 훈련

11 You've got to try a robot vacuum.

12 You've got to try frozen blueberries as a snack.

13 You've got to try studying with ChatGPT.
  + '~을 이용해서'라는 말은 using도 되지만, 전치사 with로도 말할 수 있습니다.

14 You've got to try drinking warm water in the morning.

15 You've got to try practicing English with this book.

》 패턴 집중 훈련

1 I highly recommend the bagel from this bakery.

2 I highly recommend the new documentary on Netflix.

3 I highly recommend this brand if you're looking for affordable jewelry.

4 I highly recommend stretching in the morning.

5 I highly recommend trying poke if you're in Hawaii.

6 I highly recommend using olive oil instead of butter.

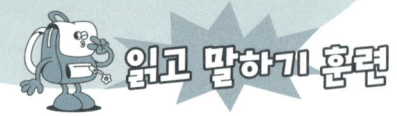

7 I highly recommend checking out the restaurant right in front of our house.
   + '한번 가 봐'라는 의미로는 go보다 try, check out 같은 단어가 더 적합합니다.

8 I highly recommend marinating bulgogi overnight.
   + marinate은 '양념에 재워 두다'라는 뜻입니다.

9 I highly recommend meal prepping on the weekend.

10 I highly recommend counting your calories.
   + 몇 칼로리를 섭취했는지 '칼로리를 세는' 건 말 그대로 'count calories'라고 표현합니다.

» 실전 활용 훈련

11 I highly recommend this therapist.

12 I highly recommend this doctor's podcast.

13 I highly recommend the recipe my mom taught me.

14 I highly recommend having at least three hobbies.
   + '최소한'이라는 의미는 'at least'를 사용합니다. '최소 3일'은 'at least 3 days', '최소 3명'은 'at least 3 people' 이렇게 말할 수 있어요.

15 I highly recommend traveling to a warm country in the winter.
   + 어떤 계절'에는'이라고 말할 때는 계절 앞에 전치사 'in'을 주로 사용합니다.

Unit 094

» 패턴 집중 훈련

1 You should check out this deal.
   + deal은 '거래, 합의'라는 의미도 있지만, 그 외로 '할인'이라는 의미로도 사용합니다.

2 You should check out this book on leadership.
   + 어떤 주제를 소개할 때는 전치사 'on'을 사용합니다. '패션에 대한 영상'은 'video on fashion', '리더십에 대한 책'은 'book on leadership'처럼요.

3 You should check out the famous face mask.

4 You should check out this podcast on healthy habits.

5 You should check out this series on Netflix.
   + series는 '시리즈'라는 의미로, 복수형처럼 보이지만 단수 취급을 합니다. 왜냐하면 에피소드가 여러 개이더라도 시리즈는 하나이기 때문이죠.

6 You should check out this local bookstore.

7 You should check out the website for Korean cosmetics.

8 You should check out this TED Talk on motivation.

9 You should check out this online course to learn English grammar.

10 You should check out his Instagram story.

» 실전 활용 훈련

11 You should check out the wine I mentioned.

12 You should check out this moisturizing cream.

13 You should check out the wedding venue I used.

+ 이벤트, 결혼식, 콘서트, 파티, 경기가 열리는 장소 모두 영어로는 venue라고 합니다.

14 You should check out the new food delivery app.
+ '배달 앱'은 'food delivery app'이라고 합니다. 여기서 app은 application의 줄임말이에요.

15 You should check out the cover song by my favorite singer.

Unit 095

» 패턴 집중 훈련

1 Let me tell you about my secret to glowing skin.
+ '성공 비결', '피부 비결' 등 '~의 비결'을 말할 때는 영어로 'secret to ~'라고 합니다.

2 Let me tell you about the best brunch place around here.
+ '맛집'은 'best place'를 사용해서 다음과 같이 말할 수 있어요. '스시 맛집'은 'best sushi place', '커피 맛집'은 'best coffee place'처럼 사이에 음식 이름을 넣어 주세요.

3 Let me tell you about my favorite café in the neighborhood.

4 Let me tell you about a workout that helps you lose belly fat.
+ '뱃살을 빼다'라는 표현은 '배의 지방을 잃다'라고 해서 'lose belly fat'이라고 합니다.

5 Let me tell you about a meditation that helped me with anxiety.
+ '~을 도와주다'라고 할 때는 'help with ~' 또는 'help out with ~'라고 합니다.

6 Let me tell you about a cleaning hack that saves so much time.

7 Let me tell you about a really cute shoe brand.

8 Let me tell you about an animated movie you'll love.

9 Let me tell you about a packing tip for traveling light.

10 Let me tell you about this tea that helps with sleep.

» 실전 활용 훈련

11 Let me tell you about the best pizza I had.

12 Let me tell you about this amazing folding hack.

13 Let me tell you about a genius friend I have.

14 Let me tell you about a book that changed my life.
+ 무언가 '~의 인생을 바꿨다'라고 말할 때는 'changed one's life'라고 말할 수 있어요.

15 Let me tell you about my trip to Tokyo.

Unit 096

» 패턴 집중 훈련

1 I swear by this toner for clear skin.
+ '좋은 피부'라는 표현은 영어로 주로 'clear skin' 또는 'glowy skin'을 많이 써요.

2 I swear by taking cold showers to wake myself up.

3 I swear by gua sha for face massage.

4 I swear by collagen powder in my coffee.

읽고 말하기 훈련

5 I swear by oatmeal for breakfast.

6 I swear by taking probiotics daily.

7 I swear by waking up early for a better day.

8 I swear by reviewing notes before bed.
   + '복습하다'라는 표현은 영어로 주로 review라고 합니다. 함께 쓰인 notes는 '노트를 정리한 것', '필기 내용'이라고 볼 수 있어요.

9 I swear by this neck pillow for flights.

10 I swear by meal kits on busy weekdays.

» 실전 활용 훈련

11 I swear by this lip balm in the winter.

12 I swear by intermittent fasting.

13 I swear by taking a bath on stressful days.
   + '샤워하다'는 'take a shower'라고 하고, '목욕하다'는 'take a bath'라고 합니다.

14 I swear by my vitamin pills.

15 I swear by my personal trainer.
   + 'PT 수업'의 PT는 'personal training'의 약자입니다. 선생님들은 'personal trainer'라고 부르면 돼요.

Unit 097

» 패턴 집중 훈련

1 You should give daily affirmations a shot.
   + '긍정 확언'은 영어로 affirmations라고 합니다. 그걸 '매일' 한다는 의미로 앞에 daily를 붙였어요.

2 You should give personal training a shot.

3 You should give matcha a shot.
   + 말차는 영어로 matcha(발음은 '맛차')라고 해요.

4 You should give solo travel a shot.
   + 혼자 여행하는 건 'solo travel' 또는 'solo traveling'이라고 할 수 있어요.

5 You should give blackout curtains a shot.

6 You should give a bidet a shot.

7 You should give a digital detox a shot.
   + '디지털 디톡스'는 단수 취급을 하므로 관사를 붙여야 한다는 것을 알아 두세요.

8 You should give early dinners a shot.

9 You should give counseling a shot.

10 You should give not wearing makeup a shot.
   + '화장을 하다'는 'wear makeup'이라고 하고, 반대로 화장을 하지 않은 '쌩얼이다'라는 말은 'do not wear makeup'이라고 해요.

» 실전 활용 훈련

11 You should give this diffuser a shot.

12 You should give this new drink a shot.

13 You should give yoga a shot.

14 You should give Airbnb a shot.

15 You should give cold showers a shot.

 **Unit 098**

» 패턴 집중 훈련

1. This concealer is no joke.
2. This stain remover is no joke.
3. Korean chicken and beer combination is no joke.
4. This popular self-help book is no joke.
5. A good night's sleep is no joke.
   + 'a good night's sleep'은 '숙면'이라는 의미로, 통으로 외워 주세요.
6. Korean sheet masks are no joke.
7. The level of service on the airline is no joke.
   + '무언가의 수준'을 얘기할 때는 'level of ~'로 말합니다. '서비스 수준'은 'level of service', '교육 수준'은 'level of education' 이렇게요.
8. The croissants at this bakery are no joke.
9. My core workout is no joke.
   + '복근'은 'core'라고 하고, '복근 운동'은 'core workout'이라고 합니다.
10. Running on an empty stomach is no joke.
    + 'on an empty stomach'은 '공복에'라는 의미로, 일상에서 자주 사용됩니다.

» 실전 활용 훈련

11. The new menu at the restaurant is no joke.
12. Studying abroad is no joke.
13. This massage chair is no joke.
14. Sushi from that place is no joke.
    + '어디서 사 온' 음식, 물건 등을 얘기할 때는 전치사 from을 사용해서 장소를 나타낼 수 있어요.
15. My mom's cooking is no joke.

 **Unit 099**

» 패턴 집중 훈련

1. Look into the swimming class at my gym.
2. Look into vitamin supplements.
3. Look into ETFs for investing.
4. Look into probiotics for gut health.
   + 목적이 있을 때는 'look into A for B'라고 'B라는 목적을 위해 A를 알아봐'라는 의미를 담을 수 있습니다.
5. Look into home workout equipment.
6. Look into using a humidifier in winter.
7. Look into picking up a language on YouTube.
   + 'pick up a language'는 '언어를 배우다'라는 의미로, 흔히 알고 있는 learn과 동일한 의미지만 회화에서 좀 더 편하게 사용됩니다.
8. Look into caffeine alternatives like matcha.
   + alternative가 '대안'이라는 의미라면, substitute은 '대체제'라는 의미로, 구분해서 사용해야 합니다.
9. Look into switching to an electric toothbrush.
10. Look into oat milk if you are lactose intolerant.

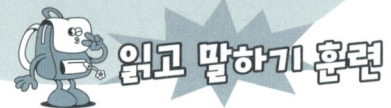

+ 우유를 마시면 배가 아픈 증상을 의학적으로 '유당 불내증'이라고 하는데, 영어로는 'lactose intolerant'라고 합니다. 미국에서는 이 증상이 매우 흔해서 일상에서도 자주 들을 수 있어요.

» 실전 활용 훈련

11 Look into recipe books for beginners.

12 Look into secondhand furniture.
+ secondhand는 used와 같은 말로, '중고의'라는 뜻입니다.

13 Look into Korean skincare products.

14 Look into the flight to Osaka at 3 p.m.

15 Look into Pilates if you're looking for a hobby.

Unit 100

» 패턴 집중 훈련

1 I always turn to this app for a quick recipe.

2 I always turn to stretching when my body feels stiff.

3 I always turn to my dog when I need comfort.

4 I always turn to green tea when I feel bloated.
+ 'feel bloated'는 '붓다' 또는 '배가 터질 것 같다' 이 두 가지 의미로 사용합니다.

5 I always turn to classical music when I can't sleep.

6 I always turn to soup when I catch a cold.

7 I always turn to YouTube on my commute.
+ '출근길'은 'during commute' 또는 'on commute' 이렇게 표현할 수 있습니다.

8 I always turn to this app for last-minute grocery shopping.
+ 'last-minute'은 '마지막 순간의', '막바지의'라는 의미입니다. 정말 많이 사용되는 말이기 때문에 꼭 기억해 두세요.

9 I always turn to my mom's recipe when I'm homesick.
+ 집이 그립다는 말은 "I miss home."이라고 해도 되지만, 집을 그리워하는 상태를 강조해서 "I feel homesick.", "I am homesick."이라고 해도 좋습니다.

10 I always turn to these sneakers for long walks.

» 실전 활용 훈련

11 I always turn to Google Maps when I travel.

12 I always turn to smoothies for a quick breakfast.

13 I always turn to frozen food when I'm feeling lazy.

14 I always turn to this notebook to organize my thoughts.

15 I always turn to a cup of coffee to start my day.
+ 커피는 셀 수가 없기 때문에 셀 수 있는 단위인 cup과 함께 써야만 개수를 얘기할 수 있습니다.

7 네 감정에 대해 솔직한 게 나을 거야.   *be honest, feelings*

→ You'd be better off _____

8 시험 전에 메모를 복습하는 게 나을 거야.   *review, test*

→ You'd be better off _____

9 한 번에 하나씩 집중하는 게 나을 거야.   *focus on, thing*

→ You'd be better off _____

10 교통 체증을 피하려면 일찍 떠나는 게 나을 거야.   *leave, avoid*

→ You'd be better off _____

실전 활용 훈련

11 돈을 저축하는 게 나을 거야.

→ _____

12 야채를 더 많이 먹는 게 나을 거야.

→ _____

13 이번에는 부모님의 조언을 듣는 게 나을 거야.

→ _____

14 짧은 휴식을 취하는 게 나을 거야.

→ _____

15 여행을 미리 계획하는 게 나을 거야.

→ _____

It's worth ~

~할 가치가 있어

"It's worth ~"는 "~할 가치가 있다"라는 의미로, 누군가에게 조언이나 추천을 할 때 자주 사용합니다. 주로 시간, 돈, 노력을 투자할 만한 가치가 있는 상황을 설명할 때 사용되고, 더 나아가 사람들에게 어떤 것을 추천할 때나 자신의 경험을 빗대어 가치 있음을 증명할 때 사용하곤 합니다. 이 패턴 뒤에는 [동명사(-ing)]나 [명사(구)]가 올 수 있습니다.

패턴 집중 훈련

1 돈을 들일 만해. money
   → It's worth

2 노력할 만한 가치가 있어. effort
   → It's worth

3 기다리는 가치가 있어. wait
   → It's worth

4 운전해서 갈 만해. drive
   → It's worth

5 이 책 읽을 만해. read
   → It's worth

6 이 요리 한번 먹어 볼 만해. dish
   → It's worth

7 영어를 배울 시간을 들일 만해요. *take, learn*

→ It's worth

8 좋은 교육에 투자할 만한 가치가 있어. *invest in, education*

→ It's worth

9 관계를 살릴 수만 있다면 사과할 만하지. *apologize, save*

→ It's worth

10 보상이 크다면 위험을 감수할 만하지. *take a risk, reward*

→ It's worth

실전 활용 훈련

11 시도해 볼 만해.

→

12 역사를 좋아한다면, 그 박물관에 가 볼 만해.

→

13 단지 음식을 위해서라도 이 나라를 방문할 만해.

→

14 이 콘서트 티켓을 얻기 위해서는 줄을 설 만해.

→

15 더 나은 품질을 위해서는 돈을 좀 더 쓸 만해.

→

Unit 063
You might want to ~
너 ~하는 게 좋을지도 몰라

"You might want to ~"는 "너 ~하는 게 좋을지도 몰라" 또는 "너 ~해 보는 게 어때?"라고 부드럽게 조언하거나 권유할 때 많이 사용됩니다. 이 패턴은 조언이지만 전혀 강압성이 없고, 오히려 상대방이 스스로 결정을 내리도록 돕는 어조를 가지고 있습니다. 따라서 조심스러운 조언을 할 때, 무언가를 추천하고 싶지만 부담 주고 싶지 않을 때 사용하기 딱 좋아요. 이 패턴은 to로 끝나기 때문에 바로 뒤에는 [동사원형]이 옵니다.

패턴 집중 훈련

1 우산을 가져가는 게 좋을 거 같아. *take*
  → You might want to _____

2 그거 적어 두는 게 좋을지도 몰라. *write down*
  → You might want to _____

3 그들에게 먼저 전화해 보는 게 좋을 것 같아. *call*
  → You might want to _____

4 출발하기 전에 날씨를 확인해 보는 게 좋을 것 같아. *check*
  → You might want to _____

5 나중에 다시 시도해 보는 게 좋을지도 몰라. *try*
  → You might want to _____

6 이것에 대해 전문가와 이야기해 보는 게 좋을 것 같아. *professional*
  → You might want to _____

7 당신의 결정을 재고해 보는 게 좋을 것 같아요.   rethink

→ You might want to _____

8 너무 늦기 전에 사과하는 게 좋을 것 같아요.   apologize

→ You might want to _____

9 지금부터 미팅 준비를 시작하는 게 좋을 것 같아요.   prepare for

→ You might want to _____

10 유통기한을 확인해 보는 게 좋을 것 같아.   expiration

→ You might want to _____

실전활용 훈련

11 편한 신발을 신는 게 좋을지도 몰라요.

→ _____

12 핸드폰을 미리 충전해 놓는 게 좋을지도 몰라요.

→ _____

13 내일을 위해 알람을 설정하는 게 좋을 것 같아.

→ _____

14 그건 너의 상사와 의논해 보는 게 좋을 것 같아.

→ _____

15 식사 전에 손을 씻는 게 좋을 것 같아.

→ _____

Why don't you ~?

너 ~하는 게 어때?

"Why don't you ~?"를 직역하면 "왜 ~를 안 하니?"가 되는데, 일상에서는 따지는 느낌이 아니라 어떤 것을 제안하거나 부드럽게 권유하는 투로 사용됩니다. "~하는 게 어때?" 또는 "너 ~하면 좋을 것 같아"와 같은 의미로요. 이 패턴은 일상적인 대화에서 친구나 가까운 사람에게 조언을 할 때 많이 쓰입니다. 이 패턴 뒤에는 바로 [동사원형]이 옵니다.

패턴집중 훈련

1 뭔가 먹어 보는 게 어때? *eat*
   → Why don't you

2 산책 좀 나가 보는 게 어때? *go for*
   → Why don't you

3 그 새로 산 재킷을 입는 게 어때? *wear*
   → Why don't you

4 다른 길로 가 보는 게 어때? *take, route*
   → Why don't you

5 오늘은 새로운 걸 주문해 보는 게 어때? *order*
   → Why don't you

6 숙제를 먼저 끝내는 게 어때? *finish*
   → Why don't you

7 너 친구들에게 기회를 줘 보는 게 어때? *give*

→ Why don't you _____

8 새로운 취미를 시작해 보는 게 어때? *start*

→ Why don't you _____

9 다른 선택지들을 고려해 보는 게 어때? *look into, option*

→ Why don't you _____

10 새로운 곳으로 이사 가는 걸 고려해 보는 게 어때? *consider, move to*

→ Why don't you _____

실전활용 훈련

11 하루 휴가 내는 게 어때?

→ _____

12 다른 맛을 시도해 보는 게 어때?

→ _____

13 오늘은 집에 일찍 들어가 보는 게 어때?

→ _____

14 네 동료들에게 피드백을 요청해 보는 게 어때?

→ _____

15 이따가 나한테 전화해 주는 게 어때?

→ _____

Unit 065
If I were you, I'd ~

내가 너라면 ~할 거야

"If I were you, I'd ~" 패턴은 "내가 너라면 ~할 거야"라는 의미로, 상대방에게 조언을 할 때 센스 있게 쓸 수 있는 패턴입니다. 이 패턴은 직접적으로 명령하거나 훈계하는 느낌이 아니고, 현실과는 다른 상황을 가정해서 조언하는 표현이에요. 그래서 'I was'가 아니라 'I were'로 쓰는 것입니다. 이건 가정법의 특징으로, 실제로 내가 너는 아니지만 상상해서 조언하는 상황입니다. I'd는 I would의 약자로, '~하겠다'로 해석할 수 있습니다. 패턴 뒤에는 [동사원형]이 옵니다.

패턴 집중 훈련

1 내가 너라면 도움을 요청할 거야. ask for
   → If I were you, I'd

2 내가 너라면 소신 있게 말하겠어. speak up
   → If I were you, I'd

3 내가 너라면 여러 가능성을 다 열어 둘 거야. keep open, option
   → If I were you, I'd

4 나라면 다른 사람 의견도 들어 볼 거야. get, second opinion
   → If I were you, I'd

5 나라면 이제 털고 일어설 거야. move on
   → If I were you, I'd

6 내가 너라면 마지막으로 한 번 더 시도해 보겠어. give, last
   → If I were you, I'd

7 내가 너라면 가족과 더 많은 시간을 보낼 거야.　　　　　　　　　　spend

→ If I were you, I'd _____

8 내가 너라면 좀 더 본격적으로 저축을 하기 시작하겠어.　　　start, seriously

→ If I were you, I'd _____

9 내가 너라면 나 자신을 위한 시간을 좀 갖겠어.　　　　　　　　　　take

→ If I were you, I'd _____

10 내가 너라면 일이 더 악화되기 전에 사과를 하겠어.　　apologize, get worse

→ If I were you, I'd _____

실전활용 훈련

11 내가 너라면 이미 네 전 애인을 놓아줬어.

→ _____

12 내가 너라면 희망을 가질 거야.

→ _____

13 내가 너라면 감사하다는 말을 더 자주 하겠어.

→ _____

14 내가 너라면 다른 사람과 비교하는 걸 멈추겠어.

→ _____

15 내가 너라면 내가 좋아하는 일에 시간을 쓸 거야.

→ _____

Unit 066

There's only so much you can ~

네가 ~할 수 있는 데에는 한계가 있어

"There's only so much you can ~" 패턴은 직역하면 "네가 ~할 수 있는 데에는 한계가 있어"라는 뜻이에요. 너무 애쓰거나 무리하는 상대방에게 "노력하는 거 알지만 네 탓이 아니야", "너무 무리하지 마" 이런 뉘앙스로 조언이나 위로를 할 수 있는 패턴이에요. 이 뒤에는 [동사원형]이 바로 옵니다.

패턴 집중 훈련

1 네가 통제할 수 있는 건 한계가 있어. 　　　　　　　　　　control
→ There's only so much you can _____

2 네가 감당할 수 있는 것도 한계가 있어. 　　　　　　　　　handle
→ There's only so much you can _____

3 혼자 하는 데는 한계가 있어. 　　　　　　　　　　　　　do, own
→ There's only so much you can _____

4 계속 사과만 할 수는 없잖아. 　　　　　　　　　　apologize for
→ There's only so much you can _____

5 숨기려 해도 결국 한계가 있어. 　　　　　　　　　　　　hide
→ There's only so much you can _____

6 남들이 저지른 걸 계속 수습할 수는 없어. 　　　　clean up, others
→ There's only so much you can _____

7 꿈을 계속 미루기만 할 수는 없어. *delay*

→ There's only so much you can _____

8 혼자 배울 수 있는 데도 한계가 있어. *learn, own*

→ There's only so much you can _____

9 망가진 관계를 고치는 데도 한계가 있어. *fix, broken*

→ There's only so much you can _____

10 모든 사람을 만족시킬 수는 없어. *do, make, happy*

→ There's only so much you can _____

실전 활용 훈련

11 계획하는 것도 어느 정도까지만 가능해.

→ _____

12 자책하는 데도 한계가 있어.

→ _____

13 괜찮은 척하는 것도 한계가 있지.

→ _____

14 쉬지 않고 일할 수 있는 것도 어느 정도야.

→ _____

15 가식적인 모습은 결국 들키게 돼.

→ _____

Unit 067

You could always ~

언제든지 ~할 수 있어

"You could always ~"는 누군가 힘들어하거나 고민이 있을 때, 부드럽고 진심 어린 조언으로 많이 쓰이는 표현이에요. 직역하면 "언제든지 ~할 수 있어"이지만, 뉘앙스는 꼭 지금이 아닌 나중에라도 "이런 방법이 있어", "이렇게 해 볼 수도 있어"라는 느낌이에요. 대안을 조심스럽게 제안하거나 위로할 때 특히 자주 쓰여요. 패턴 뒤에는 [동사원형]이 와요.

패턴 집중 훈련

1 언제든 고객센터에 전화해도 되잖아. *call*
   → You could always _____

2 부모님께 언제든지 도움을 요청해도 돼. *ask for*
   → You could always _____

3 내년에 다시 지원해 볼 수도 있지. *apply*
   → You could always _____

4 작게 시작해서 키워 가는 것도 좋아. *start, build up*
   → You could always _____

5 프리랜서로 먼저 시도해 보는 방법도 있어. *freelancing*
   → You could always _____

6 나중에 마음을 바꿔도 돼. *change*
   → You could always _____

7 스스로에게 관대하게 대해 줘도 돼. give grace

→ You could always _____

8 전문가와 얘기해 보는 것도 방법이야. professional

→ You could always _____

9 너의 마음을 친구들에게 솔직하게 알려 줘도 돼. let, feel

→ You could always _____

10 이걸 배움의 기회로 삼을 수도 있어. turn into, experience

→ You could always _____

실전활용 훈련

11 거절하는 것도 방법이야.

→ _____

12 작은 습관 하나로 시작해 봐.

→ _____

13 상사에게 휴가를 달라고 부탁해 봐.

→ _____

14 생각을 글로 써 보는 것도 방법이야.

→ _____

15 시간을 갖고 해도 괜찮아.

→ _____

Unit 068

It wouldn't hurt to ~

~해도 나쁠 것 없어

"It wouldn't hurt to ~"는 "~해도 나쁠 건 없어", "~하는 것도 괜찮아"라는 뜻으로, 조언을 하되 직설적으로 명령하지 않고 상대방이 스스로 선택할 여지를 주는 표현이라 더 따뜻하고 배려 있게 들려요. would가 쓰여서 과거형처럼 보이지만, 실제로는 현재 또는 미래에 대한 제안을 나타냅니다. 문법적으로는 패턴 뒤에 [동사원형]이 오게 됩니다.

패턴 집중 훈련

1 미리 계획해 놓는 것도 나쁠 것 없지.   plan
→ It wouldn't hurt to

2 대안을 마련해 놓는 것도 나쁘지 않아.   have
→ It wouldn't hurt to

3 잘 모르겠으면 물어보는 것도 좋아.   clarification
→ It wouldn't hurt to

4 선택지를 열어 두는 것도 좋아.   keep open
→ It wouldn't hurt to

5 조금 친절을 베푸는 것도 좋아.   show kindness
→ It wouldn't hurt to

6 최악의 상황도 대비해 두는 게 좋아.   prepare for
→ It wouldn't hurt to

7 적당한 거리를 두는 게 좋아.   set boundaries

→ It wouldn't hurt to _____

8 가끔은 모험을 해 보는 것도 나쁘지 않아.   take a risk

→ It wouldn't hurt to _____

9 자신을 조금 더 믿어 보는 것도 나쁘지 않아.   believe in

→ It wouldn't hurt to _____

10 중요한 날을 앞두고는 연습을 좀 더 하는 것도 나쁘지 않아.   practice, big day

→ It wouldn't hurt to _____

실전 활용 훈련

11 잠깐 쉬어 가는 것도 괜찮아.

→ _____

12 휴대폰을 손에서 내려놓는 것도 나쁘지 않아.

→ _____

13 산책을 나가서 머리를 식히는 것도 나쁘지 않아.

→ _____

14 뭐가 잘못됐는지 되돌아보는 것도 필요해.

→ _____

15 조금 더 인내심을 가져 보는 것도 좋아.

→ _____

Unit 069
Next time, maybe ~

다음엔 ~하는 게 좋겠다

"Next time, maybe ~"는 직접적인 비난 대신 "다음에는 이런 식으로 해 보는 게 좋겠다"라고 부드럽게 조언하거나 피드백을 할 때 자주 쓰여요. 문법적으로는 이 패턴 뒤에 [동사원형]이 오는데, 반대로 하지 말라고 조언할 때에는 [don't+동사원형]이 옵니다.

패턴 집중 훈련

1 다음엔 좀 더 일찍 자는 게 좋겠다. — go to bed

→ Next time, maybe

2 다음엔 미리 전화해 보는 게 좋겠어. — call

→ Next time, maybe

3 다음엔 간식을 챙기는 게 좋겠다. — pack

→ Next time, maybe

4 다음엔 좀 더 일찍 출발하는 게 좋겠어. — leave

→ Next time, maybe

5 다음엔 좀 더 편한 옷을 입는 게 좋겠어. — wear, comfortable

→ Next time, maybe

6 다음엔 네 직감을 믿어 봐. — trust

→ Next time, maybe

7 다음엔 잊지 않게 적어 두는 게 좋겠어.   write down, forget

→ Next time, maybe _____

8 다음엔 나가기 전에 뭐라도 좀 먹도록 해.   eat, go out

→ Next time, maybe _____

9 다음엔 혼자 담아 두지 마.   bottle up

→ Next time, maybe _____

10 다음엔 너무 자책하지 마.   be too hard on

→ Next time, maybe _____

실전 활용 훈련

11 다음엔 물병을 챙기는 게 좋겠어.

→ _____

12 다음엔 좀 더 집중해서 들어 봐.

→ _____

13 다음엔 꼭 설명서를 읽어 봐.

→ _____

14 다음엔 외출하기 전에 핸드폰을 충전해.

→ _____

15 다음엔 연습을 좀 더 해 보는 게 좋겠어.

→ _____

Unit 070

Have you thought about ~?

~하는 것도 생각해 봤어?

"Have you thought about ~?" 패턴은 상대방에게 부드럽고 센스 있게 조언을 건넬 때 정말 유용한 표현이에요. 이 패턴은 직접적으로 "이렇게 해"라고 말하기보다는, 조심스럽고 배려 있게 "이런 것도 생각해 봤어?", "이거 고려해 봤어?"라며 제안이나 권유하는 뉘앙스를 전달할 수 있습니다. 패턴 뒤에는 [동명사(-ing)] 형태가 오는 게 가장 자연스러워요.

패턴집중훈련

1 다시 연락해 보는 건 어때?   reach out
   → Have you thought about

2 직장을 바꾸는 것도 고려해 봤어?   switch
   → Have you thought about

3 상담가를 만나 보는 것도 생각해 봤어?   therapist
   → Have you thought about

4 탄수화물을 끊어 보는 건 고려해 봤어?   cut out
   → Have you thought about

5 운동 루틴을 좀 바꿔 보는 건 어때?   change, routine
   → Have you thought about

6 부업을 시작해 보는 건 어때?   start, side hustle
   → Have you thought about

7 독립해서 너 혼자 살아 보는 것도 생각해 봤어? 　　　　　　　　　　　move out, on your own

→ Have you thought about _____

8 잠시 걔네 언팔하는 것도 생각해 봤어? 　　　　　　　　　　　unfollow, for a while

→ Have you thought about _____

9 연봉 협상을 해 보는 것도 생각해 봤어? 　　　　　　　　　　　negotiate, salary

→ Have you thought about _____

10 하루에 딱 10페이지씩만 읽어 보면 어때? 　　　　　　　　　　　read, day

→ Have you thought about _____

실전 활용 훈련

11 카페인을 끊어 보는 것도 생각해 봤어?

→ _____

12 그녀에게 직접 말해 보는 건 어때?

→ _____

13 다른 곳에서 살아 보는 건 어때?

→ _____

14 명상해 보는 건 어때?

→ _____

15 퇴근하고 공부해 보는 건 생각해 봤어?

→ _____

Part 8

계획/ 소망/ 결심을 공유할 때 쓰는 패턴

Unit 071

I was just about to ~

막 ~하려던 참이었어

"I was just about to ~"는 "막 ~하려던 참이었어"라는 의미로, 어떤 행동을 바로 시작하려던 순간이나 계획이 진행 중인 상황을 설명할 때 사용됩니다. 여기서 just는 '지금 막'이라는 느낌을 부여하는 역할을 해요. 이 패턴 뒤에는 [동사원형]을 붙여 주세요.

패턴 집중 훈련

1 막 나가려던 참이었어. — leave
→ I was just about to

2 막 너에게 전화하려던 참이었어. — call
→ I was just about to

3 방금 집에 가려던 참이었어. — go
→ I was just about to

4 막 TV를 끄려던 참이었어. — turn off
→ I was just about to

5 방금 저녁을 먹으려던 참이었어. — have
→ I was just about to

6 막 커피를 만들려던 참이었어. — make
→ I was just about to

7 막 책을 읽으려던 참이었어.   read

→ I was just about to

8 막 중요한 질문을 하려던 참이었는데.   ask

→ I was just about to

9 방금 문자를 확인하려던 참이었어.   check

→ I was just about to

10 방금 비밀번호를 바꾸려던 참이었어.   reset

→ I was just about to

실전 활용 훈련

11 막 퇴사하려던 참이었어.

→

12 막 너에게 문자하려던 참이었어.

→

13 방금 휴대폰을 충전하려던 참이었어.

→

14 막 그 어플을 다운로드 받으려던 참이었어.

→

15 막 버스에서 내리려던 참이었어.

→

Unit 072

I'm thinking about ~

~할까 생각 중이야

"I'm thinking about ~"은 "~할까 생각 중이야", "~하는 걸 고려하고 있어"라는 뜻으로, 아직 결정은 하지 않았지만 무언가를 계획하거나 고민하고 있을 때 씁니다. 이 표현은 친구와 가벼운 대화를 나누는 일상적인 상황부터 중요한 결정을 논의하는 공식적인 대화까지 폭넓게 사용돼요. 이 패턴 뒤에는 [명사] 또는 [동명사(-ing)]가 뒤따라야 합니다.

패턴 집중 훈련

1 난 영화를 보러 갈까 생각 중이야. — go to

   → I'm thinking about

2 난 러닝 크루에 가입할까 생각 중이야. — join

   → I'm thinking about

3 나는 요리를 배울까 생각 중이야. — learn

   → I'm thinking about

4 나는 강아지를 입양할까 생각 중이야. — adopt

   → I'm thinking about

5 나는 새로운 취미를 시작할까 생각 중이야. — start

   → I'm thinking about

6 나는 이번 주말에 쇼핑을 갈까 생각 중이야. — go

   → I'm thinking about

7 나는 머리를 자를까 생각 중이야. *get*

→ I'm thinking about

8 나는 해외로 이사할까 생각 중이야. *move*

→ I'm thinking about

9 나는 내일 휴가를 낼까 생각 중이야. *take off*

→ I'm thinking about

10 나는 오늘 밤에 일찍 잘까 생각 중이야. *go to bed*

→ I'm thinking about

실전 활용 훈련

11 나는 점심으로 피자를 먹을까 생각 중이야.

→

12 나는 다이어트를 할까 생각 중이야.

→

13 나는 대학원에 진학할까 생각 중이야.

→

14 나는 자전거를 살까 생각 중이에요.

→

15 나는 새로운 직장을 찾을까 생각 중이야.

→

Unit 073

I've always wanted to ~

예전부터 ~하고 싶었어

"I've always wanted to ~"는 예전부터 지금까지 계속 하고 싶었던 바람이나 소망을 표현할 때 쓰는 문장이에요. 내 오랜 꿈, 관심사, 하고 싶었던 일을 나눌 때 자주 사용돼요. 현재완료시제(have p.p.)를 사용해서 과거부터 지금까지 이어진 마음을 표현할 수 있어요.

패턴 집중 훈련

1 예전부터 해변 근처에서 살아 보고 싶었어.   live by

→ I've always wanted to _____

2 예전부터 요가를 해 보고 싶었어.   try

→ I've always wanted to _____

3 예전부터 더 정리정돈을 잘하는 사람이 되고 싶었어.   be organized

→ I've always wanted to _____

4 예전부터 빵 굽는 방법을 배워 보고 싶었어.   learn, bake

→ I've always wanted to _____

5 예전부터 머리 염색을 해 보고 싶었어.   dye

→ I've always wanted to _____

6 예전부터 강아지를 입양하고 싶었어.   adopt

→ I've always wanted to _____

7 예전부터 노래 실력을 더 키우고 싶었어.   *get better at*

→ I've always wanted to _____

8 예전부터 부모님을 자랑스럽게 해 드리고 싶었어.   *make, proud*

→ I've always wanted to _____

9 예전부터 내 방을 직접 꾸며 보고 싶었어.   *decorate, own*

→ I've always wanted to _____

10 예전부터 노래를 하나 만들어 보고 싶었어.   *write*

→ I've always wanted to _____

실전 활용 훈련

11 예전부터 유학을 가고 싶다는 생각을 늘 했어.

→ _____

12 예전부터 내 카페를 여는 게 꿈이었어.

→ _____

13 예전부터 더 자신감 있는 사람이 되고 싶었어.

→ _____

14 예전부터 더 건강하게 먹어 보고 싶었어.

→ _____

15 예전부터 불꽃놀이를 꼭 한번 보고 싶었어.

→ _____

Unit 074

I might try ~

~를 한번 해 볼까 해

"I might try ~"는 "~를 한번 해 볼까 해", "~을 시도해 볼까 생각 중이야"처럼 조심스럽게 의지를 표현하는 패턴입니다. 확정된 계획보다는 가능성을 열어 두고 가볍게 고려하는 중일 때 주로 써요. might을 사용함으로써 '~할지도 모른다'라고 잠정적인 계획임을 나타내는 표현이에요. 패턴 뒤에는 [동명사(-ing)]가 오며, 어떤 행동을 넣느냐에 따라 습관, 취미, 변화된 결심 등 다양한 상황에 활용할 수 있습니다.

패턴 집중 훈련

1 좀 더 일찍 일어나 보려고 해. — wake up
  → I might try

2 자기 전에 명상을 해 볼까 해. — meditate
  → I might try

3 아침에는 일기를 써 볼까 해. — journal
  → I might try

4 소셜 미디어를 잠깐 쉬어 볼까 해. — take a break from
  → I might try

5 설탕을 줄여 볼까 해. — cut down on
  → I might try

6 내 방 정리를 좀 해 볼까 해. — organize
  → I might try

7 가족에게 더 자주 전화해 보려고 해. call

→ I might try

8 회의에서 좀 더 목소리를 내 보려고 해. speak up

→ I might try

9 플라스틱 사용을 줄여 볼까 해. use, less

→ I might try

10 내일은 하루 종일 영어만 써 볼까 해. speak, only

→ I might try

실전활용 훈련

11 새로운 것을 요리해 볼까 해.

→

12 물을 좀 더 마셔 보려고.

→

13 매일 밤 책을 읽어 볼까 해.

→

14 피아노 치는 걸 배워 볼까 해.

→

15 좀 더 일찍 자 보려고 해.

→

Unit 075

I'm dying to ~

~하고 싶어 죽겠어

"I'm dying to ~"는 말 그대로 해석하면 "죽을 만큼 ~하고 싶다"라는 표현입니다. 단순히 하고 싶은 정도를 넘어서 간절히 하고 싶은 느낌을 주기 때문에, 친구나 가족처럼 가까운 사람에게 계획이나 바람을 과장되게 전할 때 사용하기 좋아요. 이 패턴 뒤에는 [동사원형]이 옵니다.

패턴 집중 훈련

1 내일은 좀 푹 자고 싶어.   sleep in
   → I'm dying to _____

2 집에서 나가고 싶어 미치겠어.   get out of
   → I'm dying to _____

3 일을 그만두고 싶어 죽겠어.   quit
   → I'm dying to _____

4 친구들이랑 놀고 싶어 죽겠어.   hang out with
   → I'm dying to _____

5 너의 근황을 너무 듣고 싶었어.   hear, be
   → I'm dying to _____

6 다시 달리고 싶어 미치겠어.   get back into
   → I'm dying to _____

7 할머니 음식이 다시 너무 먹고 싶어.   eat, cooking

→ I'm dying to _____

8 아무것도 안 하고 하루 종일 멍 때리고 싶어.   spend, nothing

→ I'm dying to _____

9 SNS(소셜 미디어)를 제발 다 지워버리고 싶어.   delete

→ I'm dying to _____

10 부모님께 선물로 깜짝 놀라게 해 드리고 싶어.   surprise

→ I'm dying to _____

실전 활용 훈련

11 휴가를 너무 가고 싶어.

→ _____

12 단게 너무 먹고 싶어.

→ _____

13 무슨 일이 있었는지 너무 궁금해.

→ _____

14 새로운 도시로 이사 가고 싶어 죽겠어.

→ _____

15 비밀 하나를 너무 알려 주고 싶어.

→ _____

Unit 076
I'd love to ~
꼭 ~하고 싶어

"I'd love to ~"는 "I would love to ~"를 줄인 말로, 어떤 바람이나 소망, 하고 싶은 일, 혹은 미래의 희망적인 계획을 말할 때 사용하는 표현이에요. 비슷한 표현으로는 "I want to ~"도 있지만 "I'd love to ~"가 좀 더 따뜻하고 공손한 느낌입니다. 이 패턴 뒤에는 무조건 [동사원형]이 와요.

패턴 집중 훈련

1 언젠가는 책을 써 보고 싶어. *write*
→ I'd love to

2 내 건강을 더 잘 챙기고 싶어. *take care of*
→ I'd love to

3 한국 음식 요리 솜씨를 키우고 싶긴 해. *get better at*
→ I'd love to

4 언젠가는 10km 마라톤을 뛰어 보고 싶어. *run*
→ I'd love to

5 사람들 앞에서 말하는 능력을 키우고 싶어. *improve, public speaking*
→ I'd love to

6 오랜만에 옛 친구들과 다시 연락하고 싶어. *reconnect with*
→ I'd love to

7 서핑을 한 번쯤은 꼭 해 보고 싶어. *surfing, once*

→ I'd love to

8 미국을 횡단하는 로드 트립을 해 보고 싶어. *go on, across*

→ I'd love to

9 집 살 돈을 모으고 싶긴 해. *save up*

→ I'd love to

10 나랑 관심사가 비슷한 사람을 만나고 싶어. *meet, share, interests*

→ I'd love to

실전 활용 훈련

11 가족들을 위해 저녁을 만들어 주고 싶어.

→

12 하루쯤은 카페에서 일해 보고 싶어.

→

13 내년에는 유럽에 꼭 가 보고 싶어.

→

14 브로드웨이 공연을 보러 가 보고 싶어.

→

15 제빵(빵 만드는 것)을 마스터하고 싶어.

→

Unit 077

I've been meaning to ~

~하려고 했는데 아직 못 했어

"I've been meaning to ~"는 계속 '해야지 해야지' 하면서 미루고 못 했던 일을 설명할 때 자주 써요. 문법적으로는 현재완료진행형(have been -ing) 구조로, 과거부터 지금까지 이어진 의도를 표현합니다. 자책보다는 "아, 그거 하려고 했는데 못 했네" 정도의 뉘앙스로 일상에서 자주 쓰여요. 패턴 뒤에는 [동사원형]이 옵니다.

패턴 집중 훈련

1 할머니께 전화드리려고 했는데 계속 못 했어. *call*
   → I've been meaning to

2 그 구독 해지하려고 계속 생각했는데 까먹었어. *cancel, subscription*
   → I've been meaning to

3 새로 생긴 헬스장에 한번 가 보려고 했는데 아직 못 갔어. *check out*
   → I've been meaning to

4 집에서 요리를 좀 더 자주 해 보려고 했는데 아직 못 했어. *cook*
   → I've been meaning to

5 네 문자에 답장하려고 했는데 못 했네. *reply to*
   → I've been meaning to

6 책상 정리를 좀 하려고 했는데 아직 못 했어. *declutter*
   → I've been meaning to

7 간헐적 단식을 해 보려고 했는데 아직 못 했어.   intermittent fasting

→ I've been meaning to _____

8 네가 추천한 책을 읽으려고 했는데 아직 못 읽었어.   read, recommend

→ I've been meaning to _____

9 물이 새는 수도꼭지를 고치려고 했는데 계속 미루고 있어.   fix, faucet

→ I've been meaning to _____

10 올해 목표를 좀 세워 보려 했는데 아직 못 했어.   set

→ I've been meaning to _____

실전활용 훈련

11 치과에 가려고 했는데 아직 못 갔어.

→ _____

12 그 새로 나온 넷플릭스 쇼를 보려고 했는데 아직 못 봤어.

→ _____

13 운동을 좀 더 자주 하려고 마음먹었는데 아직 못 했어.

→ _____

14 머리를 자르려고 했는데 아직 못 했어.

→ _____

15 친구 집에 가 보려고 했는데 아직 못 갔어.

→ _____

Unit 078
I'm going to ~
~할 거야

"I'm going to ~"는 "~할 거야", "~하려고 해"처럼 앞으로의 계획, 결심, 또는 곧 일어날 일을 말할 때 사용하는 표현이에요. 주로 가까운 미래에 내가 마음먹은 일이나 이미 계획된 행동을 말할 때 쓰여요. 문법 구조는 아주 간단하게 뒤에 [동사원형]이 옵니다.

패턴 집중 훈련

1 더 규칙적으로 운동할 거야.   exercise

→ I'm going to _____

2 정크 푸드 먹는 걸 끊을 거야.   stop

→ I'm going to _____

3 처음으로 혼자 여행할 거야.   travel

→ I'm going to _____

4 이번 주에 이 책을 다 읽을 거야.   finish

→ I'm going to _____

5 학업에 집중할 거야.   focus on

→ I'm going to _____

6 다이어트를 할 거야.   go on

→ I'm going to _____

7 매주 새로운 걸 시도해 볼 거야.   try

→ I'm going to _____

8 더 나은 습관을 만들 거야.   build

→ I'm going to _____

9 내 꿈을 좇을 거야.   chase

→ I'm going to _____

10 주말에는 일을 안 할 거야.   take off

→ I'm going to _____

실전활용 훈련

11 하루에 만 보 걷기를 실천할 거야.

→ _____

12 미루는 습관을 멈출 거야.

→ _____

13 새로운 취미를 시작할 거야.

→ _____

14 한 달에 한 권씩 책을 읽을 거야.

→ _____

15 나 요리 수업에 등록할 거야.

→ _____

Unit 079

I can't wait to ~

빨리 ~하고 싶어

"I can't wait to ~"는 무언가를 매우 기대하고 있다, 또는 너무 하고 싶어서 기다릴 수 없다는 마음을 표현하는 문장입니다. 예정된 일, 계획된 활동, 혹은 하고 싶은 소망 등을 이야기할 때 사용할 수 있어요. 이 패턴 뒤에는 [동사원형]이 이어집니다.

패턴 집중 훈련

1 빨리 졸업하고 싶어. graduate
   → I can't wait to

2 운동을 다시 시작하는 게 너무 기대돼. start
   → I can't wait to

3 너한테 빨리 내 작품을 보여 주고 싶어. show
   → I can't wait to

4 이번 가을에 일본으로 여행 가는 게 너무 기대돼. travel
   → I can't wait to

5 가족들을 다시 만나는 게 너무 기다려져. see
   → I can't wait to

6 다음 주에 새 직장에서 시작하는 게 너무 기대돼. start
   → I can't wait to

7 새 아파트로 이사하는 게 너무 기대돼.   move into

→ I can't wait to _____

8 이번 주말에 친구들이랑 노는 거 너무 기대돼.   hang out with

→ I can't wait to _____

9 내 아기 조카를 만나는 게 너무 기대돼.   niece

→ I can't wait to _____

10 운전면허를 따는 게 너무 기대돼.   get

→ I can't wait to _____

실전활용 훈련

11 이 새 프로젝트를 시작하는 게 너무 기대돼.

→ _____

12 네 부모님을 만나는 게 너무 기대돼.

→ _____

13 휴가를 가는 게 너무 기다려져.

→ _____

14 새 옷을 쇼핑하러 가는 게 너무 기대돼.

→ _____

15 드디어 이번 주말에 쉬는 게 너무 기다려져.

→ _____

Unit 080

I'm set on ~

~하기로 마음먹었어

"I'm set on ~"은 "나 ~하기로 마음먹었어"라는 의미로, 어떤 계획이나 목표에 대해 강한 의지나 결심을 표현할 때 쓰는 패턴이에요. 비슷한 표현으로는 "I've decided to ~" 또는 "I'm determined to ~"가 있지만, 일상대화에서는 이 패턴을 더 편하게 많이 사용합니다. 패턴 뒤에는 [동명사(-ing)]가 옵니다.

패턴 집중 훈련

1 난 의사가 되기로 결심했어.   become
→ I'm set on _____

2 나 그 대학원에 지원하기로 마음먹었어.   apply to
→ I'm set on _____

3 유럽 여행을 위해 돈을 모으기로 결심했어.   save up
→ I'm set on _____

4 지금부터는 더 건강하게 먹기로 마음먹었어.   eat, from now on
→ I'm set on _____

5 진로를 바꾸기로 결심했어.   change
→ I'm set on _____

6 올해 말까지 차를 사기로 결심했어.   buy, end of the year
→ I'm set on _____

7 몸을 만들어 보기로 마음먹었어.   *get in shape*

→ I'm set on

8 올해는 예산을 꼭 지키기로 마음먹었어.   *stick to budget*

→ I'm set on

9 휴대폰 보는 시간을 줄이기로 마음먹었어.   *spend time on*

→ I'm set on

10 난 올해 안으로 시험에 합격하기로 결심했어.   *pass, exam*

→ I'm set on

실전활용 훈련

11 반려동물을 데려오기로 마음먹었어.

→

12 담배를 끊기로 결심했어.

→

13 가족과 더 시간을 많이 보내기로 결심했어.

→

14 매일 영어 공부를 하기로 마음먹었어.

→

15 할머니 할아버지 댁에 더 자주 가기로 결심했어.

→

Part 9

일상 속 에피소드를 전할 때 쓰는 패턴

Unit 081

I happened to ~

난 우연히 ~하게 됐어

"I happened to ~"는 "우연히 ~하게 됐다"라는 의미로, 어떤 일이 의도한 것이 아니라 우연히 일어났음을 나타낼 때 사용합니다. 내가 우연히 겪은 일, 나에게 뜻밖에 일어난 일에 대해 얘기할 때 사용해 보세요. 주로 과거에 발생한 사건이나 경험을 이야기하는 것이고, 이 패턴 뒤에는 [동사원형]이 옵니다.

패턴 집중 훈련

1 나는 우연히 그 소식을 들었어.   hear

    → I happened to _____

2 나는 우연히 맛집을 찾았어.   find

    → I happened to _____

3 나는 우연히 내 전 애인을 길에서 만났어.   meet

    → I happened to _____

4 나는 우연히 지갑을 떨어뜨렸어.   drop

    → I happened to _____

5 나는 우연히 새로운 친구를 사귀었어.   make

    → I happened to _____

6 나는 우연히 집에 일찍 도착했어.   get

    → I happened to _____

7 나는 우연히 좋은 자리를 차지했어. *get*

→ I happened to _____

8 나는 우연히 TV에서 재미있는 프로그램을 봤어. *watch*

→ I happened to _____

9 나는 우연히 그 장소를 지나갔어. *pass by*

→ I happened to _____

10 나는 우연히 중요한 이메일을 삭제했어. *delete*

→ I happened to _____

실전활용 훈련

11 나는 우연히 무료 티켓을 받았어.

→ _____

12 나는 우연히 그날 회사에 일찍 도착했어.

→ _____

13 나는 우연히 길에서 그녀를 마주쳤어.

→ _____

14 나는 우연히 진짜 귀여운 강아지를 봤어.

→ _____

15 나는 우연히 유튜브에서 웃긴 영상을 봤어.

→ _____

Unit 082

I ended up ~

결국 ~하게 됐어

"I ended up ~"은 "결국 ~하게 됐어"라는 뜻으로, 원래 계획과 달리 의도하지 않은 방향으로 일이 진행되었을 때 사용할 수 있습니다. 예상하지 못한 결과에 대해 설명할 때 유용하게 쓸 수 있어요. 이 표현 뒤에는 [동명사(-ing)]를 써 줍니다.

패턴 집중 훈련

1 결국 그냥 집에 있었어.   stay
   → I ended up

2 결국 엄마랑 같이 장을 보러 갔어.   go
   → I ended up

3 결국 잠들어 버렸어.   fall
   → I ended up

4 난 결국 혼자 여행했어.   travel
   → I ended up

5 결국 저녁을 안 먹었어.   skip
   → I ended up

6 결국 마음을 바꿨어.   change
   → I ended up

7 결국 그녀에게 진실을 말했어. tell

→ I ended up _____

8 결국 그걸 포기했어. give up on

→ I ended up _____

9 결국 버스를 놓쳤어. miss

→ I ended up _____

10 결국 계획을 바꾸게 됐어. change

→ I ended up _____

실전 활용 훈련

11 결국 길을 잃었어.

→ _____

12 결국 집에서 푹 쉬었어.

→ _____

13 결국 (예상보다) 돈을 더 썼어.

→ _____

14 결국 야근하게 됐어.

→ _____

15 결국 새로운 친구를 사귀었어.

→ _____

Unit 083

One time, I ~

한번은 ~한 적이 있어

"One time, I ~"는 과거에 특별했거나 기억에 남는 에피소드를 자연스럽게 꺼낼 때 쓰는 표현입니다. 보통 뒤에 [과거형 동사]를 붙여서 사건이나 경험을 말하면 돼요. 캐주얼한 대화에서 많이 쓰이며, 흑역사나 웃긴 실수 얘기, 감동적인 일화 등에 모두 자연스럽게 풀어낼 수 있어요.

패턴 집중 훈련

1 한번은 외국 나가서 길을 잃은 적이 있어. *get lost, foreign*
   → One time, I

2 한번은 노트북 위에 커피를 다 쏟은 적이 있어. *spill over*
   → One time, I

3 한번은 내 베프 생일을 완전히 까먹은 적이 있어. *completely*
   → One time, I

4 한번은 비행기를 단 5분 차이로 놓친 적이 있어. *miss*
   → One time, I

5 한번은 쿠키를 만드는데 설탕 넣는 걸 까먹었어. *forget to, put in*
   → One time, I

6 한번은 너무 웃겨서 눈물 날 때까지 웃은 적이 있어. *laugh hard*
   → One time, I

7 한번은 중요한 회의 중에 깜빡 잠든 적이 있어.   *fall asleep*

→ One time, I _____

8 한번은 마트에서 연예인을 만난 적이 있어.   *celebrity, grocery store*

→ One time, I _____

9 한번은 엘리베이터에 10분간 갇힌 적이 있어.   *get stuck*

→ One time, I _____

10 한번은 카페에서 다른 사람 음료수를 실수로 가져간 적이 있어.   *accidentally, take*

→ One time, I _____

실전 활용 훈련

11 한번은 문자를 다른 사람한테 보낸 적이 있어.

→ _____

12 한번은 샤워하다가 넘어진 적이 있어.

→ _____

13 한번은 부모님에게 내가 저녁을 해 드린 적이 있어.

→ _____

14 한번은 바에서 교수님을 마주친 적이 있어.

→ _____

15 한번은 다른 교실에 들어간 적이 있어.

→ _____

Unit 084

It turns out ~

알고 보니 ~였어

"It turns out ~" 패턴은 "알고 보니 ~였다", "결국 ~인 것으로 드러났다"라는 의미로, 결과적으로 알게 된 사실이나 반전을 이야기할 때 아주 유용한 표현이에요. 패턴 뒤에는 [주어+동사] 형태가 자연스럽게 이어지며, 과거, 현재, 미래 다양한 시제로 활용할 수 있어요.

패턴 집중 훈련

1 알고 보니 그녀가 한국어를 유창하게 하더라고.　　　　　　　　　　　speak, fluently
   → It turns out

2 알고 보니 우리는 이웃이었어.　　　　　　　　　　　　　　　　　　　　actually
   → It turns out

3 알고 보니 난 새우 알레르기가 있었어.　　　　　　　　　　　　　　　be allergic
   → It turns out

4 마감일이 결국 연장됐더라고.　　　　　　　　　　　　　　　　　　be extended
   → It turns out

5 알고 보니 내 알람이 안 울렸었어.　　　　　　　　　　　　　　　　　　go off
   → It turns out

6 알고 보니 우린 서로 다른 사람 얘기를 하고 있었더라고.　　talk about, different
   → It turns out

7 알고 보니 난 그 영화를 이미 본 거였어.   already

→ It turns out

8 알고 보니 우리는 엉뚱한 식당에서 기다리고 있었어.   wait at, wrong

→ It turns out

9 알고 보니 회의가 사실 내일이었어.   actually

→ It turns out

10 알고 보니 그녀는 날짜를 다르게 알고 있었어.   think, different

→ It turns out

실전 활용 훈련

11 알고 보니 우리 엄마 말이 맞았어.

→

12 알고 보니 오늘 공휴일이었어.

→

13 알고 보니 내가 폰을 차에 두고 내렸어.

→

14 알고 보니 우산이 필요가 없었어.

→

15 알고 보니 마트가 닫았더라고.

→

Unit 085
The funny thing is ~
웃긴 건 ~하다는 거야

"The funny thing is ~" 패턴은 "웃긴 건 말이지 ~", "재밌는 건 ~", "아이러니하게도 ~"처럼 예상 밖의 상황이나 반전이 있을 때, 또는 일상 속의 작은 포인트를 설명하기 위해 자주 씁니다. 이 뒤에는 일반 문장을 [주어+동사] 형태로 나타내 주면 돼요.

패턴 집중 훈련

1 웃긴 건 결국 그걸 좋아하게 됐다는 거야.   end up
   → The funny thing is

2 웃긴 건 우리가 거기에 동시에 도착했다는 거야.   get, same
   → The funny thing is

3 웃긴 건 내가 내 생일을 잊어버렸어.   forget, own
   → The funny thing is

4 웃긴 건 이게 전혀 계획된 게 아니었다는 거야.   be planned
   → The funny thing is

5 웃긴 건 처음엔 내가 그녀를 못 알아봤다는 거야.   recognize, at first
   → The funny thing is

6 웃긴 건 내가 그렇게 열심히 한 것도 아니었다는 거야.   try
   → The funny thing is

7 웃긴 건 예전엔 내가 커피를 싫어했었다는 거야.   *used to, hate*

→ The funny thing is

8 웃긴 건 그게 내 잘못도 아니었어.   *be one's fault*

→ The funny thing is

9 웃긴 건 우리가 똑같은 옷을 입고 있었다는 거야.   *wear, outfit*

→ The funny thing is

10 웃긴 건 면접도 없이 내가 취직이 됐다는 거야.   *get, without*

→ The funny thing is

실전활용 훈련

11 웃긴 건 우리가 같은 걸 시켰다는 거야.

→

12 웃긴 건 내 계획이 실제로 효과가 있었다는 거야.

→

13 웃긴 건 내가 결국 좋은 시간을 보내고 왔다는 거야.

→

14 웃긴 건 오늘이 월요일인 줄 알았어.

→

15 웃긴 건 세차를 하자마자 비가 왔다는 거야.

→

Unit 086
You won't believe ~
~했는지 알면 놀랄 거야

"You won't believe ~"는 누군가에게 놀라운 이야기나 믿기 어려운 사건을 전할 때, 상대의 주의를 끌고 싶을 때 쓰는 아주 실용적인 패턴이에요. 특히 일상에서 겪은 웃기거나 충격적인 경험을 생생하게 전달할 때 사용할 수 있어요. 이 패턴은 뒤에 [what+주어+동사] 또는 [how+형용사/부사] 또는 [의문사절]이 자주 따라와요.

패턴 집중 훈련

1 방금 무슨 일이 있었게. — what, happen
→ You won't believe _____

2 오늘 내가 누구를 우연히 만났게. — who, run into
→ You won't believe _____

3 이 가방이 얼마였게. — how much, cost
→ You won't believe _____

4 오늘 내가 얼마나 일찍 일어났는지 믿기 힘들 거야. — how early, get up
→ You won't believe _____

5 줄이 얼마나 길었는지 믿기 힘들걸. — how long, line
→ You won't believe _____

6 우리 강아지가 뭘 했는지 믿기 힘들걸. — what, do
→ You won't believe _____

7 우리가 얼마나 재밌게 놀았는지 상상도 못 할 거야. *how much fun, have*

→ You won't believe

8 뉴스에서 내가 뭘 봤는지 상상도 안 갈 거야. *what, see*

→ You won't believe

9 우리 집이 얼마나 깨끗해졌는지 상상도 안 갈 거야. *how clean, be*

→ You won't believe

10 그거 끝내는 데 얼마나 오래 걸렸는지 상상도 못 할걸. *how long, take*

→ You won't believe

실전 활용 훈련

11 그가 날 위해 뭘 해 줬는지 알면 놀랄 거야.

→

12 누가 나한테 전화했는지 상상도 못 할걸.

→

13 교통체증이 얼마나 심했는지 상상도 못 할걸.

→

14 어젯밤에 내가 무슨 꿈을 꿨는지 상상도 못 할걸.

→

15 오늘 우리 애가 뭐라고 했는지 믿기 어려울 거야.

→

Unit 087
Long story short, ~

결론만 말하자면, ~

"Long story short, ~" 패턴은 "(긴 이야기를) 요약하자면, ~", "짧게 말하면, ~" 또는 "결론만 말하자면, ~" 정도로 해석할 수 있습니다. 길어질 만한 이야기를 요약해서 핵심만 간단히 전달할 때 자주 사용됩니다. 패턴 뒤에는 [문장]을 넣어 주면 됩니다.

패턴 집중 훈련

1 짧게 말하면, 걔는 안 왔어. *show up*
   → Long story short,

2 결론만 말하자면, 나 취직 됐어. *get*
   → Long story short,

3 결론만 말하자면, 데이트는 완전 최악이었어. *disaster*
   → Long story short,

4 결론만 말하면, 우리 다시 친구 하기로 했어. *become*
   → Long story short,

5 요약해서 말하자면, 다 오해였어. *misunderstanding*
   → Long story short,

6 결론만 말하자면, 나 전 애인이랑 마주쳤어. *run into*
   → Long story short,

7 요약하자면, 내가 제대로 망쳤어. screw up, big time

→ Long story short, _____

8 요약하자면, 나 저녁을 태워 먹었어. burn

→ Long story short, _____

9 요약하자면, 처음부터 다시 시작해야 했어. have to, all over again

→ Long story short, _____

10 결론만 말하자면, 우리 여행이 취소됐어. get canceled

→ Long story short, _____

실전 활용 훈련

11 요약하자면, 우리는 영화를 놓쳤어.

→ _____

12 결론만 말하자면, 우린 밤새 수다를 떨었어.

→ _____

13 한마디로, 돈이 다 떨어졌어.

→ _____

14 요약하자면, 생각보다 괜찮았어.

→ _____

15 결론만 말하자면, 나 다시는 그거 안 해.

→ _____

Unit 088

I found myself ~

나도 모르게 ~하고 있더라

"I found myself ~"는 직역하면 "내 자신이 ~하는 걸 발견했다"라는 뜻으로, 더 나아가서는 "나도 모르게 ~하고 있더라"라는 의미로 사용됩니다. 주로 갑작스럽게 깨닫거나 의도하지 않았던 상황을 설명할 때 사용합니다. 이 패턴 뒤에는 [현재분사(-ing)]가 옵니다.

패턴 집중 훈련

1 나도 모르게 이유 없이 웃고 있더라.   smile

→ I found myself

2 어느새 또 그녀를 생각하고 있더라.   think about

→ I found myself

3 나도 모르게 2분마다 휴대폰을 확인하고 있더라.   check

→ I found myself

4 나도 모르게 밈을 보고 웃고 있더라.   laugh, meme

→ I found myself

5 어느새 감자칩 한 봉지를 다 먹고 있었어.   eat, whole

→ I found myself

6 나도 모르게 하루 종일 그 노래를 흥얼거리고 있었어.   sing

→ I found myself

7 나도 모르게 수업 시간에 멍 때리고 있었어.　　　　　　　　　　　　zone out

　→ I found myself

8 어느새 쓸데없는 걸 막 검색하고 있더라.　　　　　　　　　　　　　google

　→ I found myself

9 나도 모르게 같은 영상을 또 보고 있더라.　　　　　　　　　　　　　watch

　→ I found myself

10 어느새 끝도 없이 쇼츠를 보고 있더라.　　　　　　　　　scroll through, endlessly

　→ I found myself

실전활용 훈련

11 나도 모르게 내 짝사랑에게 문자를 보내고 있었어.

　→

12 어느새 늦게까지 안 자고 있더라.

　→

13 나도 모르게 선생님이 하신 말씀을 되새기고 있더라.

　→

14 문득 엄마한테 전화하고 싶더라.

　→

15 나도 모르게 내 남동생 방을 대신 청소해 주고 있었어.

　→

Unit 089
It was one of those days when ~

유난히 ~한 그런 날이었어

"It was one of those days when ~" 패턴은 유난히 힘들게 느껴지거나 일이 안 풀리는 날, 기분이 이상하게 가라앉는 날을 묘사할 때 자주 쓰여요. 누구나 공감할 수 있는 그런 날에 대해 얘기할 때 한번 사용해 보세요. 이 패턴 뒤에는 [주어+동사]를 쓰면 됩니다.

패턴 집중 훈련

1 아무것도 안 풀리는 그런 날이었어.   go right

→ It was one of those days when _____

2 넷플릭스에서 뭐 하나 재밌어 보이는 게 없는 그런 날이었어.   look good

→ It was one of those days when _____

3 엄마 밥이 유난히 생각나는 그런 날이었어.   miss

→ It was one of those days when _____

4 생각이 꼬리에 꼬리를 무는 그런 날이었어.   stop

→ It was one of those days when _____

5 커피도 소용없는 그런 날이었어.   even, help

→ It was one of those days when _____

6 그냥 침대에 있고 싶은 그런 날이었어.   want, stay

→ It was one of those days when _____

7 시간이 너무 느리게 가는 그런 날이었어.   *move, too*

→ It was one of those days when _____

8 하루 종일 날씨가 흐린 그런 날이었어.   *stay gloomy*

→ It was one of those days when _____

9 사소한 일에도 괜히 울컥한 그런 날이었어.   *make, emotional*

→ It was one of those days when _____

10 일부러 슬픈 음악만 찾아 듣는 그런 날이었어.   *listen, on purpose*

→ It was one of those days when _____

실전 활용 훈련

11 내가 투명인간이 된 것처럼 느껴지는 그런 날이었어.

→ _____

12 누군가 안아 줬으면 좋겠는 그런 날이었어.

→ _____

13 뭘 잡기만 하면 계속 떨어뜨리는 그런 날이었어.

→ _____

14 손대는 것마다 다 고장 나는 그런 날이었어.

→ _____

15 아무와도 얘기하고 싶지 않은 그런 날이었어.

→ _____

Unit 090

Out of nowhere, ~

갑자기 ~했어

"Out of nowhere, ~"는 '갑자기, 난데없이, 예상치 못하게' 일어난 일을 말할 때 쓰는 표현이에요. 보통 놀랍거나 당황스러웠던 상황을 전달하고 싶을 때 사용하면 좋아요. 이 패턴 뒤에는 완전한 문장으로 [주어+동사] 형태를 붙여 주세요.

패턴 집중 훈련

1. 갑자기 비가 쏟아지기 시작했어.   *start, pour*
   → Out of nowhere, _____

2. 갑자기 그녀가 나를 안아 줬어.   *give*
   → Out of nowhere, _____

3. 갑자기 내 휴대폰이 꺼졌어.   *turn off*
   → Out of nowhere, _____

4. 갑자기 누군가 내 커피 값을 계산해 줬어.   *pay for*
   → Out of nowhere, _____

5. 갑자기 정전이 됐어.   *go out*
   → Out of nowhere, _____

6. 갑자기 내 친구가 우리 집 문 앞에 나타났어.   *show up*
   → Out of nowhere, _____

7 갑자기 우리 강아지가 미친 듯이 짖기 시작했어.   start, bark

→ Out of nowhere,

8 갑자기 인터넷이 끊겼어.   stop, work

→ Out of nowhere,

9 갑자기 엄청 에너지가 솟았어.   feel energetic

→ Out of nowhere,

10 갑자기 아무 것도 없는데 걸려 넘어졌어.   trip over

→ Out of nowhere,

실전 활용 훈련

11 갑자기 상사한테 전화가 왔어.

→

12 난데없이 휴대폰을 떨어뜨렸어.

→

13 갑자기 눈물이 나기 시작했어.

→

14 갑자기 전 애인한테 문자를 받았어.

→

15 갑자기 라면이 미친 듯이 먹고 싶어졌어.

→

Part 10

꿀팁 등을 추천/공유할 때 쓰는 패턴

You'll love ~

너 ~ 완전 좋아할걸

"You'll love ~"는 "너 ~ 엄청 좋아할걸", "~에 완전 반할 거야"라는 뉘앙스로, 상대방이 어떤 물건이나 팁을 분명히 좋아할 거라고 자신 있게 말할 때 쓰는 표현이에요. "You will love ~"의 줄임말로, 확신이나 강한 추천의 뉘앙스를 담고 있어요. 뒤에는 [명사], [how+ 형용사+주어+동사] 등을 붙일 수 있어요.

패턴집중훈련

1 이 선크림 완전 마음에 들 거야.   sunscreen

→ You'll love

2 이 유튜브 채널 완전 좋아할걸.   channel

→ You'll love

3 계획 세우는 거 좋아하면 이 플래너가 인생템이야.   planner, be into organizing

→ You'll love

4 머리가 건조하면 이 샴푸가 잘 맞을 거야.   shampoo, dry hair

→ You'll love

5 아보카도를 신선하게 보관하는 꿀팁인데 알면 놀랄걸.   hack, keep fresh

→ You'll love

6 저가 항공권을 찾을 땐 이 웹 사이트가 최고야.   website, flights

→ You'll love

7 빈티지 물건을 좋아하면 이곳을 완전 좋아할 거야. place, vintage stuff

→ You'll love

8 이 충전기가 얼마나 빠른지 보면 감탄할걸. charger

→ You'll love

9 이 담요가 얼마나 부드러운지 써 보면 알 거야. blanket

→ You'll love

10 이 레시피가 얼마나 간단한지 알면 깜짝 놀랄걸. recipe

→ You'll love

실전 활용 훈련

11 이 새로 나온 단백질 셰이크 맛 진짜 좋아할 거야.

→

12 이거 빨리 잠이 드는 꿀팁인데, 정말 좋아할 거야.

→

13 여름에 이 휴대용 선풍기를 써 보면 놀랄걸.

→

14 여기 와이파이가 얼마나 빠른지 보면 감탄할걸.

→

15 내가 발견한 스킨케어 브랜드가 있는데 엄청 좋아할 거야.

→

Unit 092

You've got to try ~

~를 꼭 해 봐야 해

"You've got to try ~"는 "~를 꼭 해 봐야 해"라는 의미로, 강력하게 무언가를 추천할 때 쓰는 표현이에요. 패턴 안의 'have got to'는 '~하지 않으면 안 된다', 즉 '~를 해야 한다'라는 의미입니다. try 뒤에 [동명사(-ing)]가 오면 '실제로 ~를 한번 해 보다'라는 의미예요. 패턴 뒤에는 [명사], [동명사(-ing)] 또는 [목적어 문장]을 넣을 수 있어요.

1 여기 말차 라테를 꼭 먹어 봐야 해. *latte*
   → You've got to try _____

2 이 유튜브 채널로 영어 공부를 해 봐. *channel*
   → You've got to try _____

3 내가 보여 준 운동 루틴대로 꼭 해 봐. *routine, show*
   → You've got to try _____

4 이 수면 명상 플레이리스트가 진짜 도움 돼. *sleep meditation*
   → You've got to try _____

5 이 파스타 레시피대로 꼭 만들어 봐. *recipe*
   → You've got to try _____

6 아침에 올리브유 한 스푼을 먹어 봐. *spoon, olive oil*
   → You've got to try _____

7 청소할 때 식초를 꼭 써 봐. use, vinegar

→ You've got to try _____

8 스무디에 냉동 바나나를 넣는 거 진짜 추천해. add to, smoothie

→ You've got to try _____

9 연어를 에어프라이어에 구워 봐. cook, air fryer

→ You've got to try _____

10 남은 밥은 이렇게 얼려 두는 거 진짜 편해. freeze, leftover rice

→ You've got to try _____

실전활용 훈련

11 로봇 청소기를 꼭 써 봐.

→ _____

12 간식으로 냉동 블루베리를 먹어 봐.

→ _____

13 챗 지피티를 이용해서 한번 공부해 봐.

→ _____

14 아침에 따뜻한 물 마시는 걸 해 봐.

→ _____

15 이 책으로 영어 공부(연습)를 해 봐.

→ _____

Unit 093

I highly recommend ~

~를 매우 추천해 / ~이 최고야

"I highly recommend ~"는 어떤 것이 정말 좋아서 다른 사람에게 강하게 추천하고 싶을 때 쓰는 표현이에요. 먹는 것, 하는 것, 물건이나 사람 모두 추천할 수 있습니다. 여기서 highly는 '완전히', '강력히'라는 의미를 부여한다고 볼 수 있어요. 이 뒤에는 바로 [명사]나 [동명사(-ing)]가 오는 걸 기억하세요.

패턴집중 훈련

1 이 빵집의 베이글은 꼭 먹어 봐야 해. bagel
    → I highly recommend

2 넷플릭스에 새로 올라온 그 다큐멘터리 꼭 봐. documentary
    → I highly recommend

3 가성비 좋은 주얼리를 찾는다면 이 브랜드가 최고야. look for, affordable
    → I highly recommend

4 아침에는 꼭 스트레칭을 해 봐. stretch
    → I highly recommend

5 하와이에 가 있다면 포케는 꼭 먹어 봐. try
    → I highly recommend

6 버터 대신 올리브유를 사용하는 걸 추천해. use, instead of
    → I highly recommend

7 우리 집 바로 앞에 있는 음식점에 꼭 가 봐.   check out

→ I highly recommend _____

8 불고기는 하룻밤 재워 두면 훨씬 맛있어.   marinate, overnight

→ I highly recommend _____

9 주말 동안에 밀프렙을 미리 해 두는 걸 완전 추천해.   meal prep

→ I highly recommend _____

10 칼로리 계산을 해 보는 걸 추천해.   count

→ I highly recommend _____

실전활용 훈련

11 이 상담사를 강하게 추천해.

→ _____

12 이 의사가 하는 팟캐스트 추천해.

→ _____

13 우리 엄마가 내게 알려 준 레시피를 매우 추천해.

→ _____

14 취미를 최소 세 개는 갖고 있는 게 좋아.

→ _____

15 겨울에는 따뜻한 나라에 여행 가는 걸 추천해.

→ _____

You should check out ~
~를 꼭 확인해 봐

"You should check out ~"은 친구나 지인에게 "~를 꼭 한번 봐 봐/해 봐/써 봐" 이렇게 뭔가를 추천할 때 자주 쓰는 표현이에요. 여기서 'check out'은 단순히 '보다'가 아니고 '관심을 갖고 살펴보다/사용해 보다/경험해 보다'라는 의미예요. 이 패턴 뒤에는 [명사]를 붙여 주세요.

패턴집중훈련

1 이 할인 행사 꼭 확인해 봐.   deal
→ You should check out

2 리더십에 대한 이 책 꼭 읽어 봐.   book
→ You should check out

3 그 유명한 팩 한번 꼭 써 봐.   face mask
→ You should check out

4 건강한 습관에 관련된 이 팟캐스트를 추천해.   podcast
→ You should check out

5 넷플릭스에서 이 시리즈는 꼭 봐야 해.   series
→ You should check out

6 이 동네 책방에 꼭 가 봐.   local bookstore
→ You should check out

7 한국 화장품 웹 사이트에 한번 들어가 봐.   website

→ You should check out _____

8 동기부여에 대한 이 TED 강연 한번 봐 봐.   TED Talk, motivation

→ You should check out _____

9 영문법을 배우고 싶다면 이 온라인 강의 들어 봐.   online course, grammar

→ You should check out _____

10 그의 인스타그램 스토리 좀 봐 봐.   story

→ You should check out _____

실전활용훈련

11 내가 말한 와인 꼭 먹어 봐.

→ _____

12 이 수분 크림을 꼭 써 봐.

→ _____

13 내가 썼던(이용했던) 결혼식장 한번 알아봐.

→ _____

14 새로 나온 배달 앱 한번 써 봐.

→ _____

15 내가 제일 좋아하는 가수가 부른 커버곡을 꼭 들어 봐.

→ _____

Unit 095

Let me tell you about ~
~를 알려 줄게

"Let me tell you about ~"은 "내가 ~를 알려 줄게"라는 뜻으로, 누군가에게 유용한 정보나 꿀팁, 인생템 또는 나의 경험을 얘기할 때 자연스럽게 쓰는 표현입니다. 상대방의 시선을 확 끌기 때문에 대화를 시작할 때 주로 사용해요. 이 패턴 뒤에는 [명사]가 바로 온다는 걸 기억해 주세요.

패턴집중훈련

1 내 물광 피부의 비결을 알려 줄게.   *secret to, glowing skin*
→ Let me tell you about _____

2 이 근처의 브런치 맛집을 알려 줄게.   *brunch place*
→ Let me tell you about _____

3 우리 동네에 내가 제일 좋아하는 카페를 알려 줄게.   *favorite, neighborhood*
→ Let me tell you about _____

4 뱃살을 빼는 데에 효과가 있는 운동을 알려 줄게.   *workout, help, belly fat*
→ Let me tell you about _____

5 내가 불안을 극복하는 데 도움이 되었던 명상법을 알려 줄게.   *meditation, anxiety*
→ Let me tell you about _____

6 시간이 엄청 절약되는 청소 꿀팁 하나 알려 줄게.   *cleaning hack, save time*
→ Let me tell you about _____

7 진짜 귀여운 신발 브랜드 하나 소개해 줄게.   shoe brand

→ Let me tell you about _____

8 네가 좋아할 만한 애니메이션 영화가 있는데 알려 줄게.   animated movie, love

→ Let me tell you about _____

9 가볍게 여행하기 위한 짐 싸는 꿀팁을 알려 줄게.   tip, pack

→ Let me tell you about _____

10 잠이 잘 오는 차가 있어서 알려 줄게.   tea, help with

→ Let me tell you about _____

실전활용 훈련

11 내가 먹은 중에 제일 맛있었던 피자를 알려 줄게.

→ _____

12 빨래 접는 꿀팁을 하나 알려 줄게.

→ _____

13 내 천재 친구에 대해 말해 줄게.

→ _____

14 내 인생을 바꾼 책에 대해 말해 줄게.

→ _____

15 나 도쿄에 다녀온 얘기해 줄게.

→ _____

Unit 096

I swear by ~

~이 최고야

"I swear by ~"는 "~을 강력하게 추천하다", "~을 맹신하다"라는 의미입니다. 자신이 직접 써 보고 효과를 본 꿀템이나 팁을 다른 사람에게 자신 있게 소개할 때 쓰는 표현으로, "~이 진짜 효과 있어", "~은 내가 보증해", "~이 정말 좋아"라는 의미로 알아 두세요. 이 패턴 뒤에는 [명사] 또는 [동명사(-ing)] 모두 올 수 있어요.

패턴 집중 훈련

1 피부가 깨끗해지는 데는 이 토너가 최고야.   toner, clear skin

   → I swear by

2 잠 깨는 데는 찬물 샤워만한 게 없어.   take showers, wake up

   → I swear by

3 얼굴 마사지에는 괄사가 최고야.   gua sha

   → I swear by

4 콜라겐 가루를 커피에 타 먹으니까 좋아.   collagen

   → I swear by

5 아침에는 오트밀이 제일 좋아.   oatmeal

   → I swear by

6 유산균을 매일 챙겨 먹는 거 효과 있어.   take probiotics

   → I swear by

7 아침에 일찍 일어나면 하루가 완전 달라.   wake up, better

   → I swear by _____

8 자기 전에 복습을 하면 효과가 좋아.   review, bed

   → I swear by _____

9 비행기를 탈 때는 이 목베개가 최고야.   pillow, flights

   → I swear by _____

10 바쁜 주중에는 밀키트가 최고야.   meal kit

   → I swear by _____

실전활용훈련

11 겨울에는 이 립밤이 최고야.

   → _____

12 간헐적 단식이 효과가 있어.

   → _____

13 스트레스를 받는 날에는 목욕하는 게 최고야.

   → _____

14 내 비타민 약이 제일 좋아.

   → _____

15 난 내 PT 선생님을 맹신해.

   → _____

Unit 097

You should give ~ a shot

~를 한번 해 봐

 "You should give ~ a shot"은 "~를 한번 시도해 봐"라는 의미로, 누군가에게 새로운 것을 권할 때 아주 자연스럽게 쓸 수 있는 표현이에요. 'a shot'은 'a try'와 비슷하게 '시도'라는 의미입니다. 문법적으로는 'give+[명사/동명사(-ing)]+a try' 구조로 쓰면 됩니다. 명사는 어떤 제품이나 활동일 수 있고, 동명사 형태로 쓰이면 동작을 의미해요.

패턴 집중 훈련

1 매일 긍정 확언을 한번 해 봐. affirmation
   → You should give _____ a shot.

2 PT를 한번 받아 봐. training
   → You should give _____ a shot.

3 말차를 한번 마셔 봐. matcha
   → You should give _____ a shot.

4 혼자 여행을 한번 해 봐. travel
   → You should give _____ a shot.

5 암막 커튼을 써 봐. blackout
   → You should give _____ a shot.

6 비데를 써 봐. bidet
   → You should give _____ a shot.

7 디지털 디톡스를 해 봐.   detox

→ You should give _____ a shot.

8 저녁을 일찍 먹어 봐.   dinner

→ You should give _____ a shot.

9 상담을 한번 받아 봐.   counseling

→ You should give _____ a shot.

10 쌩얼로 한번 지내 봐.   wear

→ You should give _____ a shot.

실전활용훈련

11 이 디퓨저를 한번 써 봐.

→ _____

12 이 새로 나온 음료수를 한번 마셔 봐.

→ _____

13 요가를 한번 해 봐.

→ _____

14 에어비앤비를 한번 사용해 봐.

→ _____

15 찬물 샤워를 해 봐.

→ _____

~ is no joke

~이 진짜 대박이야

"~ is no joke"는 직역하면 "~이 장난이 아니다", 즉 "~이 대단하다", "~이 진심으로 좋다"라는 의미로 써요. 주로 어떤 물건, 경험, 사람, 서비스 등이 생각보다 훨씬 뛰어나거나 예상보다 더 효과가 좋다는 걸 강조할 때 사용돼요. 주어 자리가 비어 있기 때문에 [명사]나 [동명사(-ing)]로 문장을 시작하면 됩니다.

패턴 집중 훈련

1 이 컨실러 진짜 대박이야.   concealer
 → _____ is no joke.

2 이 얼룩 제거제 진짜 물건이야.   remover
 → _____ is no joke.

3 한국의 치킨과 맥주 조합은 최고야.   combination
 → _____ is no joke.

4 이 인기 있는 자기 계발서 진짜 좋아.   self-help
 → _____ is no joke.

5 숙면이 진짜 중요해.   sleep
 → _____ is no joke.

6 한국 마스크팩이 최고야.   mask
 → _____ is no joke.

7 그 항공사의 서비스 수준은 진짜 대박이야.　　　　　　　　　　level of, airline

→ _____ is no joke.

8 이 빵집의 크루아상은 진짜 맛있어.　　　　　　　　　　　　　croissant

→ _____ is no joke.

9 내가 하는 복근 운동 효과가 장난 아니야.　　　　　　　　　　workout

→ _____ is no joke.

10 공복에 러닝 하는 거 효과가 장난 아니야.　　　　　　　　　empty stomach

→ _____ is no joke.

실전 활용 훈련

11 그 식당의 신메뉴는 대박이야.

→ _____

12 해외에서 유학을 하면 도움이 많이 되지.

→ _____

13 이 안마의자 진짜 물건이다.

→ _____

14 그 집 초밥 장난 아니다.

→ _____

15 우리 엄마 요리 솜씨는 대박이야.

→ _____

Look into ~

~를 한번 알아봐

"look into ~"는 "~를 조사해 봐", "~를 알아봐"라는 의미로, 내 경험상으로 좋았기 때문에 상대방에게 추천을 할 때 사용할 수 있습니다. 또는 단순히 어떤 것을 알아보라고 권할 때도 사용할 수 있어요. 분위기나 문맥에 따라 다양하게 사용할 수 있는 패턴입니다. 패턴 뒤에는 [명사] 또는 [동명사(-ing)]가 옵니다.

패턴집중훈련

1 내가 다니는 헬스장에서 수영 수업 한번 알아봐. *swimming class, gym*
   → Look into

2 비타민 보충제를 한번 알아봐. *supplement*
   → Look into

3 투자용으로 ETF를 한 번 알아봐. *invest*
   → Look into

4 장 건강을 위해 유산균을 한번 알아봐. *probiotics, gut health*
   → Look into

5 홈 트레이닝 기구를 한번 알아봐. *equipment*
   → Look into

6 겨울에 가습기 사용하는 걸 한번 알아봐. *humidifier*
   → Look into

7 유튜브에서 언어 배우는 거 한번 알아봐. pick up

→ Look into

8 말차 같은 카페인 대체 음료를 한번 알아봐. alternative

→ Look into

9 전동 칫솔로 바꾸는 거 한번 알아봐. switch, electric

→ Look into

10 유당 불내증이 있다면 귀리 우유를 알아봐. lactose intolerant

→ Look into

실전 활용 훈련

11 요리 초보자를 위한 레시피 책들을 한번 알아봐.

→

12 중고 가구를 알아봐.

→

13 한국 스킨케어 제품을 알아봐.

→

14 오후 3시에 오사카로 떠나는 비행편을 알아봐.

→

15 취미가 필요하면 필라테스를 한번 알아봐.

→

Unit 100

I always turn to ~

난 항상 ~을 하게 돼

"I always turn to ~"는 특정한 상황에서 항상 찾게 되는 것, 의지하게 되는 대상을 말할 때 쓰는 표현이에요. 여기서 'turn to ~'는 '~로 눈을 돌리다'라는 의미로, "I always turn to ~" 하면 "난 항상 ~을 하게 돼"라는 의미가 됩니다. 문장 구조로는 뒤에 [명사] 또는 [동명사(-ing)]가 위치하게 됩니다.

패턴 집중 훈련

1 난 간단한 레시피가 필요할 땐 항상 이 앱을 써.   app, quick

→ I always turn to

2 난 몸이 뻐근할 때마다 스트레칭을 해.   stretch, feel stiff

→ I always turn to

3 난 위로가 필요할 땐 우리 강아지를 찾게 돼.   comfort

→ I always turn to

4 난 부기가 있을 때에는 녹차를 마셔.   green tea, feel bloated

→ I always turn to

5 난 잠이 안 올 땐 클래식 음악을 들어.   classical

→ I always turn to

6 난 감기에 걸리면 항상 국물을 먹어.   soup, catch

→ I always turn to

7 난 출근길엔 항상 유튜브를 보게 돼.   commute

→ I always turn to _____

8 난 급하게 장을 볼 땐 항상 이 앱을 써.   last-minute, grocery shopping

→ I always turn to _____

9 난 집이 그리울 땐 엄마의 레시피를 찾게 돼.   recipe, be homesick

→ I always turn to _____

10 난 오래 걸을 땐 항상 이 운동화를 신어.   sneakers, long walks

→ I always turn to _____

실전활용 훈련

11 난 여행을 다닐 때는 언제나 구글 맵에 의지해.

→ _____

12 난 항상 스무디로 간단한 아침을 대신해.

→ _____

13 난 귀찮을 때 언제나 냉동 음식을 찾게 돼.

→ _____

14 난 생각을 정리할 때 항상 이 노트에 적어.

→ _____

15 난 하루의 시작은 항상 커피 한 잔으로 해.

→ _____